ADRITALIA

www.adritalia.net

Rivista quadrimestrale del Comitato Adr&Mediazione diretta da Antonella Fornari

Anno 5 – Numero 1 - ISSN 2284-2470

www.comitatoadrmediazione.it

Finito di stampare nel mese di giugno 2018
Presso Rotomail Italia Spa – Vignate (MI)
Per conto di Primiceri Editore
Via Savonarola 217, 35137 Padova
ISBN 978-88-3300-071-8
ISSN 2284-2470

Mediazione Civile e Commerciale
Un bilancio a otto anni dall'entrata in vigore del decr.lgs.28-2010

di Massimo Moriconi

(Giudice Tribunale Civile di Roma)

1. Premessa

Il presente scritto costituisce un contributo alla disamina e alla valutazione dell'incidenza, a distanza di circa otto anni, dell'istituto della mediazione, introdotta nel nostro Paese con il decreto legislativo 28/2010, sulla Giustizia Civile.

Com'è noto, specialmente ai cultori della mediazione, il valore dell'Istituto consiste in primo luogo nell'efficace azione di pacificazione sociale che costituisce l'architrave di una nuova visione della risoluzione dei conflitti che la mediazione dischiude; andandosi ad affiancare all'insostituibile e necessaria (ma non sempre) azione della magistratura e dell'avvocatura nella tradizionale modalità (giudiziale) di risposta alla domanda di giustizia attraverso i giudizi di cognizione e di esecuzione forzata.

Tuttavia in un'epoca nella quale è diventato cogente l'imperativo di contrastare quella che è stata definita, con felice sintesi di uno dei più gravi mali italiani, la giustizia-lumaca, occorre, quanto meno per finalità ulteriore a quella testé indicata, esaminare anche se e in che modo la mediazione possa contribuire – e di fatto stia contribuendo- alla risoluzione di questo grave problema, che vede l'Italia additata e condannata anche all'estero per l'eccessiva durata delle cause.

2. E' opportuno quindi partire dalla relazione del Ministro della Giustizia sull'amministrazione della giustizia per l'anno 2016 ai sensi dell'art.86 del RD 30.1.1941 n.12, pubblicata nel sito del Ministero

Per quanto riguarda i dati del contenzioso civile si legge ivi che le pendenze dei fascicoli civili alla data del 30.6.2016 ammontavano al ragguardevole numero di 3.820.935, mentre le iscrizioni annuali (da intendersi dal 30.6.2015 al 30.6.2016) risultano pari a 3.472.590

Poiché tali numeri riguardano una congerie di affari (che vanno dalla cognizione all'esecuzione, dalla volontaria giurisdizione alle procedure concorsuali etc) è opportuno concentrare l'attenzione sulla cognizione e sul contenzioso ordinario puro che espone i seguenti numeri:

2014-2015[1] = cause iscritte: 224.390

2015-2016[2] = cause iscritte: 257.069

A fronte di tali "entrate" i procedimenti definiti nei rispettivi periodi ammontano a

2014-2015 = cause definite: 266.391 (+ 42.001)

2015-2016 = cause definite: 270.084 (+ 13.015)

Le pendenze al 30 giugno 2015 erano 654.697

Le pendenze al 30 giugno 2016 erano 643.047

[1] da intendersi sempre da giugno a giugno.

[2] da intendersi sempre da giugno a giugno.

Va evidenziato, quale fattore positivo, che il numero di cause definite nel periodo (sia con lo strumento tradizionale, cioè le sentenze e sia attraverso i sistemi A.S.R.[3]) è maggiore del numero di cause iscritte nel medesimo periodo[4].

Ciò sta a significare che il sistema giudiziario è in grado da qualche anno di aggredire l'arretrato. Se lo smaltimento dei fascicoli conservasse il trend dell'ultimo anno per azzerare l'arretrato necessiterebbero 49 anni (643.047: 13.015) che non sembra un tempo di attesa accettabile.

Da quanto sopra emerge con tutta evidenza ed in modo irrefutabile che il Sistema Giustizia allo stato delle cose NON è in grado di affrontare il grave problema di cui in premessa, cioè la durata eccessiva delle cause.

Tale fatto contiene anche un altro dato importante che è quello dell'eccesso di cause civili, e dell'impossibilità, nonostante il conclamato impegno lavorativo dei giudici italiani, di risolvere il problema rebus sic stantibus.

Si può pensare a soluzioni esterne al sistema, ovvero ad un approccio che comporti un diverso e migliore utilizzo dei mezzi e delle risorse (non solo materiali, ma anche normative) esistenti.

Sotto il primo profilo si potrebbe pensare alla creazione di sezioni dedicate allo smaltimento dell'arretrato[5], mentre è del tutto illusoria la strategia, che sembra la più amata dal legislatore, di manipolazioni del codice di procedura civile (cfr. il recente tentativo di introdurre per tutte le cause civili in cui il giudice decide monocraticamente il procedimento sommario di cui all'art.702 bis cpc), perché tale approccio non vede che il problema non è rappresentato dalle norme processuali, ma dalla eccessiva mole dei ruoli di cui ogni giudice è gravato.

3. Il ruolo degli strumenti alternativi (alla causa, ADR) ed alla sentenza (ASR)[6]

Le statistiche della mediazione pubblicate dal Ministero della Giustizia per il periodo 1 gennaio – 30 giugno 2017 contengono novità e miglioramenti.

Il significato delle statistiche va valutato con cautela in quanto è molto facile che siano presenti inadeguatezze – talvolta finanche rese palesi- nell'acquisizione e nell'elaborazione dei dati.

La ragione di tale imprecisione deriva da vari fattori.

Allo stato, non avendo ancora il Ministero della Giustizia, attivato alcuna rilevazione presso gli uffici giudiziari del lavoro svolto e dei provvedimenti emessi dai giudici nell'ambito dell'A.S.R., l'unico canale di acquisizione dei dati proviene dagli organismi di mediazione.

Dati che però sono parziali e spesso fuorvianti.

E' infatti lo stesso Ministero, nella pubblicazione di cui trattasi, che avverte (pag.2) che gli organismi rispondenti nel II ° trimestre 2017 sono (solo) n.453 su n.700.

Tale circostanza, dovrebbe indurre il Ministero ad avviare ciò che ormai costituisce una richiesta, corale quanto inascoltata, dei giudici[7], vale a dire la rilevazione dei provvedimenti di tale genere

---

[3] A.S.R. alternative sentence resolution (definizione utilizzata per la prima volta dal Giudice Massimo Moriconi, del tribunale di Roma nell'ordinanza RG 55779-13 del 9.11.2017).

[4] E' bene tenere a mente che ciò non sta a significare che vengono smaltite, nell'anno, precisamente le cause inscritte in quell'anno, quanto piuttosto che vengono smaltite un numero di cause corrispondente a quelle iscritte nell'anno, e questo a causa della presenza di un gravoso carico di pendenze.

[5] la cui messa in opera, stante le perduranti ristrettezze di bilancio, è improbabile oltre che di dubbia efficacia non avendo dato i frutti sperati l'operazione in tal senso già compiuta con la l.22 luglio 1997 nr. 276 sulla istituzione delle "sezioni stralcio" in materia civile.

[6] Alternative Dispute Resolution e, una volta incardinata la causa, Alternative Sentence Resolution.

[7] Cfr. sul punto l'articolo dell'autore di questo scritto, risalente all'autunno 2013:

Mediazione e proposta del giudice: le problematiche relative alla acquisizione, rilevazione e valutazione dei dati relativi

emessi. Operazione che potrebbe essere effettuata dal Ministero immediatamente attraverso una disposizione (temporanea) impartita alle cancellerie di registrare, in modo non telematico, i provvedimenti emessi dai giudici in tema di mediazione ex art. 5 decr.lgsl. 28/2010 e di proposta ex art. 185 bis e in via stabile e a regime, attraverso l'aggiornamento del sistema informatico SICID.

In alcuni uffici giudiziari, come presso la Corte di Appello di Bari, sono state nel frattempo introdotte buone prassi, registrate nel sito del Ministero della Giustizia, che, con l'ausilio del DIGISIA locale, fanno emergere a livello telematico, rendendoli visibili e computabili, tali provvedimenti[8].

L'attivazione a livello nazionale di un'appropriata rilevazione dei provvedimenti ASR dei giudici da parte del Ministero della Giustizia costituirebbe un grandissimo contributo alla implementazione dell'utilizzo degli strumenti alternativi alla sentenza quale modo di definizione dei conflitti giudiziari in quanto consentirebbe e produrrebbe

- un formidabile impulso all'utilizzo degli strumenti alternativi alla sentenza da parte dei giudici, allo stato frenato dalla prospettiva poco allettante di non vedere riconosciuto il lavoro e l'impegno profusi nella definizione alternativa delle liti. E' opportuno, a tale riguardo, segnalare il grave e incombente inconveniente che si sta profilando e che incombe negativamente sull'utilizzo e sull'incrementazione dell'utilizzo della mediazione (demandata) e della proposta ex art. 185 bis cpc da parte dei giudici. In un primo momento la vera sfida è stata quella di coinvolgere la magistratura civile nell'utilizzo degli strumenti alternativi di cui trattasi. Questo obiettivo si sta raggiungendo nel senso che seppure con una distribuzione a macchia di leopardo, ormai in quasi tutti gli uffici giudiziari italiani e non solo in quelli di primo grado (vedi esperienze in atto presso la Corte di Appello di Milano e di Napoli) mediazione e proposta del giudice vengono usualmente praticati. Il problema (che ha del paradossale) che si sta profilando è che proprio quei giudici che hanno utilizzato con maggiore intensità gli strumenti A.S.R. hanno visto, correlativamente, con l'abbreviarsi dei tempi di decisione, anche il crollo del numero delle sentenze rese nell'anno, se confrontato con i giudici che hanno poco o niente utilizzato gli strumenti A.S.R.

Poiché com'è stato ampiamente illustrato nell'articolo di cui alla nota 7 tutto il sistema di valutazione del lavoro dei magistrati (carriera, possibilità di svolgere incarichi extragiudiziari etc) è tutt'ora imperniato sul numero di sentenze emesse[9] (che peraltro è l'unico dato lavorativo conoscibile agevolmente), è di ovvia e lampante evidenza la tragica conseguenza che deriva dalla mancata acquisizione (e conseguente impossibile valutazione da parte di chi spetti, CSM etc) degli indicatori di lavoro dei giudici nella materia ASR: la inevitabile dissuasione ed il freno dall'utilizzo degli strumenti ASR

- la possibilità di acquisire informazioni molto precise, ed alla fonte (ad es. il dato dichiarato dal Ministero di un modestissimo 9% di mediazioni demandate "pure", di cui infra, è infatti poco plausibile)

Quanto ancora alla frammentarietà dei dati statistici, è ancora lo stesso Ministero a ricordare (pag.2) le turbolenze che hanno interessato la mediazione (dal 13.12.2012 al 30.9.2013 sospesa l'obbligatorietà a seguito della sentenza della Corte Costituzionale; dal 20.9.2013, fuoriuscita della materia della RCA

---

http://www.judicium.it/saggi_leggi.php?id=514 http://www.judicium.it/admin/saggi/514/Moriconi.pdf

[8] In attesa che il Ministero attui a livello nazionale le rilevazioni di cui all'oggetto, presso la Corte di Appello di Bari, con il decisivo contributo del giudice dott.ssa Mirella Delia, è stato attuato un protocollo (link n.2) con il DIGISIA inserito nelle buone prassi del Ministero (link n.1)

1)

http://www.giustizia.bari.it/buone_prassi_3.aspx

2)

http://www.giustizia.bari.it/best_practices/10%20Estensione%20Progetto%20BDDC%20alla%20Mediazione%20Del egata.pdf

[9] criterio anacronistico e obsoleto, perché invece di valorizzare la gestione del ruolo, cioè in definitiva il prodotto complessivo del lavoro del giudice, si limita a considerarne un aspetto soltanto, quello rappresentato dalla sentenza, che in questo contesto non assume neppure un valore qualitativo essendo la valutazione relativa ai numeri (delle sentenze) e quindi meramente quantitativo.

da quelle obbligatorie di cui all'art.5 comma 1 bis decr.lgsl.28/2010) L'esame delle rilevazioni statistiche è tuttavia di grande interesse e utilità se più che i dettagli si considerano le tendenze che i dati in esse considerati evidenziano.

Per cominciare occorre allora affermare che il trend delle mediazioni (inteso sia come numero di procedure iscritte e sia come accordi raggiunti) è stabile ed in crescita, sia pure con diverse intensità a seconda del tipo di mediazione

Invero nel 2016 le iscrizioni delle domande di mediazione hanno raggiunto il numero di 183.977 di poco inferiore al numero del 2015 (196.247)

I risultati delle procedure di mediazione: dal 2014 le statistiche del Ministero espongono separatamente l'esito della mediazione quando le parti accettano di proseguire oltre il primo incontro (vale a dire quando si svolge – secondo la giurisprudenza unanime- la vera mediazione). La serie storica mostra le seguenti percentuali di accordi:

2014 : 47 %

2015 : 43,5 %

2016 : 43,6%

1° semestre 2017: 42,4 %

Ciò relativamente alle seguenti percentuali di "aderente comparso e partecipante" 2014: 40,5%.

2015 : 44,9 %

2016 : 56,4 %

1° semestre 2017: 48,6%

E' particolarmente interessante notare che la serie storica elaborata dal Ministero per il periodo 1° aprile 2014 – 30 giugno 2017 (sempre relativamente al caso di aderente comparso e partecipante) attesta che la percentuale di accordi NON E' MAI SCESA AL DI SOTTO DEL 40%, rimanendo più o meno fissa al 42-43 %

La distribuzione per tipologia di mediazione, pone al primo posto la mediazione obbligatoria con

n.138.127 domande nel 2016 (a fronte di n.151.469 domande nel 2015 e n.131.360 domande nel 2014) ed al secondo posto quella demandata con n. 19.128 domande nel 2016, n.18.062 domande nel 2015 e n.7.699 domande nel 2014).

A seguire mediazione volontaria e obbligatoria in quanto prevista da clausola contrattuale.

Di particolare interesse sono le rilevazioni del Ministero relative alla mediazione demandata dal giudice, dove si colgono le più rilevanti novità del lavoro svolto dalla Direzione Generale di Statistica a far tempo dal II° trimestre 2016.

Ed invero da tale data per la tipologia mediazione demandata dal giudice è stata introdotta la suddivisione fra demandata dal giudice per le materie NON obbligatorie (questa è la vera , ed a rigore unica figura di mediazione demandata prevista dall'art.5 co.II° decr.lgsl.28/2010) e demandata dal giudice per improcedibilità (che è quella di cui all'art.5 co.1 bis del decr.lgsl.28/2010 per il caso che in giudizio sia rilevata o eccepita il mancato esperimento della mediazione obbligatoria nelle materie di cui all'art.5 1 bis).

Ebbene, sia pure la relativa statistica, per la sua recente introduzione, si riferisca ad un solo anno, il risultato lascia perplessi.

Secondo tale rilevazione, solo il 9% del numero complessivo delle mediazioni demandate del periodo aprile 2016 – giugno 2017 è costituito dalla mediazione vera (cioè demandata dal giudice per le materie NON obbligatorie)

Invero il dato è poco plausibile[10] perché NON è il frutto di una rilevazione, che assicurerebbe correttezza e certezza, effettuata presso gli uffici giudiziari, ma attraverso le parziali risposte degli organismi di mediazione, che verosimilmente in molti casi confondono la natura della mediazione "proveniente" dal giudice. In ogni caso il dato, quale che sia l'esatta consistenza, la dice lunga su quanto sia ancora lunga la strada per l'effettiva diffusione generalizzata fra i giudici della cultura della mediazione, e della importanza strategica che ancora oggi svolge la mediazione obbligatoria, per fortuna ormai non più a tempo, ma stabilizzata dal recente intervento del legislatore (decreto-legge 24 aprile 2017, n. 50, convertito, con modificazioni, nella legge 21 giugno 2017, n. 96)

Questa diffidenza nei confronti della mediazione si fonda pressoché esclusivamente sul retaggio culturale della logica del conflitto tradizionale, con le sue dinamiche dell'antagonismo e della decisione imposta dal giudice; il cui superamento, com'è facile comprendere, richiederà molto tempo e un capillare e paziente lavoro didattico per la diffusione della conoscenza dei nuovi pregnanti valori di pacificazione sociale (oltre che di rapido mezzo di definizione dei conflitti[11]) che la cultura dell'accordo e della pacificazione rappresenta e promuove.

Se si prescinde dalla spiegazione "culturale", l'indifferenza di larga parte della magistratura nei confronti della mediazione è spiegabile solo con la perdurante assenza di considerazione di tale lavoro dei magistrati, a sua volta derivante dalla mancata attivazione da parte del Ministero della Giustizia di un sistema nazionale (a mezzo SICID in suo delle cancellerie) di rilevazione dei provvedimenti emessi dai giudici in materia di mediazione demandata e 185 bis cpc e non soltanto, peraltro solo quanto ai primi, mediante richiesta agli Organismi di mediazione (operazione del tutto insufficiente, come ammesso dallo stesso Ministero che ricorda come un gran numero di organismi non hanno risposto alla richiesta finalizzata alle rilevazioni statistiche) Occorre quindi adoperarsi affinché gli ostacoli di natura culturale e organizzativa siano superati.

Il contributo che la mediazione può dare allo smaltimento delle cause è sorprendentemente poco attenzionato.

Vale evidenziati alcuni dati:

- I procedimenti iscritti presso i Tribunali ordinari relativi ai codici oggetto inerenti la mediazione rappresentano mediamente l'8% del totale dei procedimenti iscritti nel civile (così attesta l'Ufficio Statistiche del Ministero della Giustizia, cfr. grafico allegato alle statistiche dell'anno 2015).

- Le materie della mediazione obbligatoria costituiscono solo l'8% del contenzioso ordinario.

(così attesta l'Ufficio Statistiche del Ministero della Giustizia, cfr. grafico allegato alle statistiche dell'anno 2015).

- L'incidenza della diminuzione del contenzioso ordinario registrata dall'Ufficio Statistiche del Ministero è significativa (- 16% per le materie oggetto di mediazione obbligatoria rispetto ad un -8% per il restante civile, crf. cfr. grafico allegato alle statistiche dell'anno 2015).

---

10 atteso il notorio e visibile - anche attraverso i media - incremento e diffusione dell'utilizzo della mediazione da parte dei giudici, anche in appello.

11 Illuminanti a questo riguardo le statistiche del Ministero che raffronta i tempi di durata delle procedure di mediazione con il contenzioso del tribunale:

Tribunale:

2014 gg.984

2015 gg.921

1016 gg.882

Mediazione

2014 gg.83

2015 gg.103

2016 gg.115

- Se la parte convocata aderisce all'invito, la percentuale di successo delle mediazioni è del 43 % (2017)

- L'attuale (2017) percentuale di adesione all'invito è attestata al 49%

- La percentuale assoluta di accordi delle procedure di mediazione è quindi (49 x 43 %) del 21%[12].

- Un accordo in mediazione equivale, quanto meno tendenzialmente, ad una causa in meno introdotta.

- Poiché nel 2016 il numero di iscrizioni delle domande di mediazione è di 183.977 ne consegue che la mediazione produce una diminuzione delle cause dell'ordine di grandezza di quasi 39.000 cause in meno (21% di 183.977).

Conclusione.

Con un allargamento delle materie obbligatorie e con un uso ben più intenso e diffuso della mediazione demandata da parte del Giudice, propugnabile con la rilevazione da parte del Ministero della Giustizia, dei provvedimenti (art. 5 co. II° decr. lgsl.28/2010 e art. 185 bis proposta), dei giudici, la società italiana conseguirebbe due risultati: minor conflittualità quale conseguenza di un'opera di pacificazione posta in essere dai protagonisti del sistema Giustizia (magistrati ed avvocati in primo luogo) ed una drastica diminuzione delle cause e della loro durata.

[12] Tale dato rende chiaro quanto sia importante incentivare l'effettiva partecipazione alla mediazione non fermandosi al primo incontro informativo: è questa la strada battuta con convinzione dalla giurisprudenza unanime, mentre non sono stati assunti in sede legislativa provvedimenti per riequilibrare la palese sproporzione fra la sanzione dell'improcedibilità (prevista quando non viene presentata la domanda di mediazione obbligatoria o demandata) e le più blande conseguenze di cui all'art. 8 co. quattro bis del decr.lgsl 28/2010.

L'ingiustificata partecipazione alla mediazione viola il dovere di lealtà e probità

di Maria Rosaria Fascia

(Mediatore, arbitro e avvocato, professore a contratto all'Università Statale di Milano, Scuola di Specialità di Medicina Legale)

Il Tribunale di Roma si è recentemente pronunciato su una controversia in materia di responsabilità medica, compensando le spese legali fra le parti, pur avendo respinto integralmente le domande attoree: in tal modo il giudice, il dr. Massimo Moriconi, ha inteso sanzionare la colpa grave delle parti convenute che, rifiutando di partecipare alla mediazione demandata ex art. 5, comma 2 D.Lgs. 28/2010, hanno posto in essere un comportamento contrario al dovere di lealtà e probità imposto dall'art. 88 c.p.c.

La sentenza dell'1.2.2018 è stata pronunciata a conclusione di una complessa controversia in tema di risarcimento del danno da responsabilità medica, conseguente a un intervento chirurgico straordinariamente difficoltoso su un soggetto pluriooperato, in condizioni di salute pregiudizievoli, che ha visto il rigetto della domanda risarcitoria, quantificata in € 678.894,00, per il mancato raggiungimento della prova, posta a carico di parte attrice, dell'esistenza di una condotta erronea e colposa dei medici, oltre che del nesso causale fra operato dei medici ed evento dannoso.

Nel corso del processo, nonostante l'espletamento di ben due consulenze tecniche d'ufficio, non è stato possibile pervenire ad una risposta univoca e certa in termini di danno e di nesso causale.

Nell'escludere la responsabilità del medico, il dr. Moriconi ha richiamato la portata dell'art. 2236 c.c. – a norma del quale «se la prestazione implica la soluzione di problemi tecnici di speciale difficoltà, il prestatore d'opera non risponde dei danni, se non in caso di dolo o di colpa grave» – dichiarando di non condividere la recente giurisprudenza della Corte Suprema, che ha portato ad un aggravamento della posizione dei medici sotto il profilo della responsabilità civile.

Egli ha evidenziato come l'entrata in vigore della L. 8 marzo 2017, n. 24, più comunemente conosciuta come legge Gelli-Bianco, ci permette di dare una lettura più equilibrata all'art. 2236 c.c., parametrando la sussistenza o l'intensità della responsabilità del medico per colpa al rispetto o meno di linee guida e buone pratiche cliniche, con ciò affermando il principio secondo il quale non può esservi colpa se il medico, in presenza di problemi tecnici di speciale difficoltà, si sia attenuto alle linee guida o, nel caso in cui esse manchino, si sia attenuto alle buone pratiche cliniche-assistenziali, prescindendo dall'esito dell'intervento.

Fatte queste premesse, la sentenza in esame è interessante sotto il profilo delle conseguenze sfavorevoli in cui incorre il soggetto che non ottemperi l'ordine del giudice di partecipare alla mediazione, ai sensi dell'art. 5, comma 2, del D.Lgs. 28/2010, disposta a seguito di mancata accettazione della proposta formulata dal giudice ai sensi dell'art. 185 bis c.p.c.

L'ordinanza contenente la proposta ex art. 185 bis c.p.c. è stata motivata in modo molto articolato, pur in assenza di obbligo in tal senso da parte del legislatore; tale soluzione è stata adottata dal dr. Moriconi con l'esplicito intento di facilitare le parti e i loro legali nella valutazione della sua proposta e della «opportunità e convenienza di farla propria, ovvero di svilupparla autonomamente» anche rivolgendosi, in caso di mancata accettazione della proposta, ad un «un mediatore professionale di un organismo che dia garanzie di professionalità e di serietà», per sviluppare «un successivo percorso di mediazione demandata dal magistrato», anche in considerazione delle "direttrici" fornite dal giudice con la sua ordinanza.

Per tale ragione, l'ordinanza ex art. 185 bis c.p.c. conteneva già, non solo la proposta del giudice, ma anche l'ordine ex art. 5, comma 2, D.Lgs. 28/2010 di avviare il procedimento di mediazione civile e commerciale, rendendo contestualmente l'informativa alle parti e ai loro legali sull'utilità della mediazione e sui vantaggi di natura economico e fiscale della conciliazione, con ciò, svolgendo già l'attività propria del mediatore, in occasione del primo incontro di mediazione.

Con la medesima ordinanza, il giudice ha avvertito altresì le parti delle conseguenze negative derivanti dalla loro mancata partecipazione alla mediazione, precisando che, ai sensi e per gli effetti dell'art.5, comma 2, D.Lgs. 28/10, è richiesta alle stesse «l'effettiva partecipazione al procedimento di mediazione demandata, laddove per effettiva si richiede che le parti non si fermino alla sessione informativa e che oltre agli avvocati difensori siano presenti le parti personalmente; e che la mancata partecipazione senza giustificato motivo al procedimento di mediazione demandata dal giudice oltre a poter attingere (per l'attore) alla stessa procedibilità della domanda, è in ogni caso comportamento valutabile nel merito della causa».

Con ciò, rinnovando il consolidato orientamento giurisprudenziale, che vuole la necessaria partecipazione personale delle parti alla mediazione e che ne sanziona l'assenza senza giustificato motivo, in particolare nel caso in cui la mediazione, oltre che obbligatoria per materia, sia stata anche disposta dal giudice, divenendo doppiamente obbligatoria.

Nella sostanza, il dr. Moriconi si è nuovamente pronunciato nel senso che l'inadempimento dell'ordine del giudice, di partecipare al procedimento di mediazione, integra «colpa grave (se non dolo)», orientamento più volte espresso in passato (vedi Dr. Massimo Moriconi in: Trib. di Roma, 23.2.2017; Trib. di Roma, 23.6.2016; Trib. di Roma, 17.12.2015).

In particolare il giudice, nella sentenza in esame, ha evidenziato "l'inconsistenza" – e quindi l'assenza di "giustificato motivo" – della «ragione addotta dai convenuti e terza chiamata per non partecipare all'esperimento di mediazione», i quali hanno dichiarato di non voler partecipare al procedimento poiché «la proposta del giudice veniva accettata dalle parti tutte meno» l'attrice «che la riteneva insufficiente».

La partecipazione personale delle parti alla mediazione – a maggior ragione oggi, alla luce anche del tentativo obbligatorio di conciliazione, introdotto dall'art. 8 della L. 8 marzo 2017 n. 24 in materia di responsabilità medica – va considerato "un valore a sè stante" «che prescindendo dal merito e quindi dalla ragione e dal torto, non può essere ignorata, senza conseguenze, sulla base del convincimento (quand'anche successivamente avvalorato dalla decisione del giudice) di non dover incorrere nella soccombenza» (Tribunale di Roma, 30.11.2017).

Ed infatti, come ben motivato dal dr. Moriconi, «la previsione di un successivo percorso di mediazione era stato ideato e disposto dal giudice proprio al fine di consentire un approfondimento e sviluppo della proposta, con la presenza corale delle parti e del mediatore», che avrebbe permesso loro un confronto, su un tavolo neutrale, anche solo per discutere insieme dei vantaggi e degli svantaggi, per ciascuna parte, della proposta del giudice.

Quindi, correttamente, nel caso di specie, la mancata partecipazione ingiustificata alla mediazione, così valutata da parte del giudicante, è stata considerata un valido motivo per la compensazione delle spese anche nei confronti della parte interamente vincitrice, con ciò non riconoscendo in favore delle parti vittoriose la liquidazione delle spese di lite: infatti, «l'inottemperanza, ingiustificata, delle parti al provvedimento del giudice ex art. 5 comma II° decr.lgsl.28/10, che richiede l'effettiva partecipazione alla mediazione, costituisce sempre una grave inadempienza, dalla quale ben può discendere, secondo le circostanze del caso, l'applicazione della sanzione di cui al terzo comma dell'art.96 cpc» (Tribunale di Roma, 30.11.2017).

Per motivare la compensazione delle spese di lite, il giudice ha fatto appello all'art. 92 c.p.c. nella parte in cui prevede che, indipendentemente dalla soccombenza, gli è conferito il potere di «condannare una parte al rimborso delle spese, anche non ripetibili, che, per trasgressione al dovere di cui all'articolo 88 c.p.c., essa ha causato all'altra parte».

La compensazione delle spese di lite, in un caso in cui la parte vittoriosa avrebbe avuto diritto di vedersi riconosciute le spese legali, per effetto dell'integrale rigetto delle domande svolte nei suoi confronti, se non avesse trasgredito al dovere di lealtà e probità disertando l'ordine di partecipare alla mediazione, è da intendersi proprio come "condanna al rimborso delle spese" prevista dall'art. 92 c.p.c., in quanto, come sottolineato dal giudice nella sentenza dell'1.2.2018, la condanna della parte vittoriosa alle spese contiene, come il più contiene il meno, la possibilità di compensazione nei rapporti fra le parti del giudizio.

Sempre più numerose ed uniformi, dunque, sono le pronunce che sanzionano il comportamento delle parti che non partecipano alla mediazione, senza alcun giustificato motivo, facendo ricorso agli strumenti messi a disposizione dal codice di procedura civile.

Il legame tra mediazione e processo, mal tollerato da buona parte dei mediatori, si rinforza di giorno in giorno, ma non si ripercuote in alcun modo sul rapporto tra giudice e mediatore: quest'ultimo, infatti, come ha avuto occasione di precisare proprio il dr. Moriconi nella recente ordinanza del 5.4.2018, non è un ausiliare del giudice.

La mediazione e la diffusione

di Pasquale Lattari[13]

(Avvocato)

In questi ultimi anni diversi settori del diritto – diritto civile e di famiglia, penale e penale minorile – hanno visto svilupparsi al proprio interno forme di soluzioni alternative alle controversie giudiziarie tra le quali in primis la mediazione.

Il fenomeno è legato a diverse cause: alcune metagiuridiche e altre intrinseche al diritto alla sua natura e finalità. Si osserva.

A La crisi del sistema giudiziario e del processo civile e penale – ormai ritenuti inadeguati a risolvere le pretese di giustizia dei cittadini – è una motivazione forte e fondante le soluzioni alternative introdotte.

I procedimenti giudiziari cresciuti esponenzialmente peraltro rendono lenta ed intempestiva la giustizia.

"Al fondo di questo contesto riformatore è la consapevolezza, sempre più avvertita, che, a fronte di una crescente domanda di giustizia, anche in ragione del riconoscimento di nuovi diritti, la giurisdizione sia una risorsa non illimitata e che misure di contenimento del contenzioso civile debbano essere messe in opera. Da ciò l'adozione, in epoca recente, di istituti processuali diretti, in chiave preventiva, a favorire la composizione della lite in altro modo, quali le misure di ADR (Alternative Dispute Resolution), cui sono riconducibili le procedure di mediazione, la negoziazione assistita, il trasferimento della lite alla sede arbitrale."[14]

La diffusione di strumenti alternativi alle controversie giudiziarie – tra cui la mediazione – trova nelle **finalità deflattive** dell'enorme mole del contenzioso giudiziario una primaria finalità.[15] Ciò vale in primis nelle controversie civile e commerciali e consumeristiche per le quali si è avuta un precipua regolamentazione normativa.

Diverse sono anche le cause connaturate al diritto e non esterne ad esso.

B La giustizia risolve le controversie giudiziarie ed il conflitto sottostante - che ha dato avvio alla vicenda giudiziaria – spesso riguarda valori e rapporti che non sono regolati primariamente e/o esclusivamente dal diritto (si pensi agli affetti familiari, ai rapporti amicali o sociali etcc.) Le parti attribuiscono però alla regolamentazione giuridica di tali ambiti importanza soverchiante ed assorbente credendo – per cultura e/o per convinzione - che la soluzione giudiziaria risolva il tutto estendendosi anche a ciò che il diritto "*non comprende*".!! Ma così non è: la giustizia è insufficiente

---

[13] Avvocato Cassazionista, Mediatore familiare Aimef, Mediatore penale, Coordinatore Ufficio "in Mediazione.." di conciliazione e riparazione della provincia di Latina, Responsabile Ufficio di mediazione penale e giustizia riparativa di Latina che effettuano rispettivamente mediazione penale minorile ed ex lege 67/2014, Formatore e Responsabile Scientifico Ente di formazione in mediazione.

[14] Sentenza n. 77 del 2017 della Corte Costituzionale che prosegue: "Nella stessa linea è la previsione in generale, nel codice di rito (art. 185-bis cod. proc. civ.), di un momento processuale che vede la formulazione della proposta di conciliazione ad opera del giudice, introdotta in generale dall'art. 77, comma 1, lettera a), del decreto-legge 21 giugno 2013, n. 69 (Disposizioni urgenti per il rilancio dell'economia), convertito, con modificazioni, nella legge 9 agosto 2013, n. 98, generalizzando quanto era già stato stabilito, qualche anno prima, per le controversie di lavoro attraverso la modifica dell'art. 420, primo comma, cod. proc. civ., introdotta dall'art. 31, comma 4, della legge 4 novembre 2010, n. 183 (Deleghe al Governo in materia di lavori usuranti, di riorganizzazione di enti, di congedi, aspettative e permessi, di ammortizzatori sociali, di servizi per l'impiego, di incentivi all'occupazione, di apprendistato, di occupazione femminile, nonché misure contro il lavoro sommerso e disposizioni in tema di lavoro pubblico e di controversie di lavoro)."

[15] Si vedano lavori preparatori e relazioni al d.leg.vo 28 del 2010.

a dirimere le ragioni e le cause genetiche del conflitto inter partes e/o a intervenire risolutivamente circa i legami, le relazioni, i rapporti affettivi, da cui il conflitto trae avvio e che ne sono incisi, e, che, nessun giudice può - con un provvedimento giurisdizionale - compiutamente accertare, determinare, risolvere compiutamente.

La sentenza, infatti, spesso lascia insoddisfatte le parti – e non solo perché assegna la vittoria all'uno ed all'altro!! - che percepiscono solo all'esito del giudizio la relatività ed insufficienza del rimedio giudiziario. Anzi paradossalmente con la sentenza il conflitto diviene spesso ancora più acceso ed esacerbato, diventando così la consacrazione della conflittualità e non la sua soluzione.

C Lo schema del giudizio prevede che la soluzione della controversia venga affidata ad un terzo a cui le parti confliggenti rappresentano le loro doglianze indirettamente – tramite terzi specializzati (avvocati) – e secondo regole che garantiscono funzionalità del processo. Sicchè: le parti hanno **poco spazio di parola, di disponibilità della controversia e la verità risultante è quella processuale ossia quella rappresentata con gli strumenti processuali (si pensi alle decadenze ed alle prescrizioni processuali che regolamentano la veicolazione delle verità delle parti...) e non quella che le parti percepiscono e/o rappresentano essere tale.**

E ciò negli ambiti in alcuni ambiti del diritto in cui è predominante l'aspetto relazionale o affettivo – si pensi alla conflittualità matrimoniale, alle vicende amicali o alle relazioni sociali...- manifesta ancor più **l'insufficienza del rimedio giudiziario alla soluzione del conflitto in quanto "sottratta" alla parola ed alla disponibilità delle parti o costretta da regole processuali.**

E proprio in tali settori si è avuta un'irruzione forte della mediazione: nel diritto di famiglia, nel diritto minorile penale e, di recente, in quello penale degli adulti. Tuttavia - nonostante la trasversalità e gli enormi interessi e risvolti sociali (si pensi alla conflittualità familiare, o minorile...etcc.)- non vi è una regolamentazione giuridica primaria e specifica al contrario della mediazione civile e commerciale o consumeristica.

La mediazione nel processo penale minorile

La mediazione nel procedimento penale minorile ha avuto nel tempo sempre più ampia diffusione facilitata dalla ratio fondante il processo penale minorile che favorisce l'analisi del sostrato umano del reo e della parte offesa.

Il processo minorile non risulta particolarmente schiavo di formalismi e vincoli che nel processo penale ordinario – in particolare sino alla legge 67/2014 (vd seguito) – rendono allo stato salvo per i reati minori e perseguibile a querela di parte, indisponibile la materia del diritto e del processo penale e riottosa all'introduzione di materiale "spurio" che non sia quello del meccanico processuale penale: accertamento del reato, ricollegabilità dello stesso al reo ed irrogazione della sanzione.

La ripresa dell'itinerario educativo del minore, che l'atto criminale ha interrotto o deviato ed il reinserimento nella vita sociale è l'obiettivo principe del processo minorile che ha la pretesa di essere *ex se* occasione educativa per il reo-minore. Il tutto privilegiando la rieducazione e l'attenzione alle ragioni del deviare del minore rispetto alle esigenze della vittima del reato che, peraltro, neppure può costituirsi parte civile.

Nel processo penale minorile vi sono molti casi di rinuncia alla pretesa punitiva dello Stato a fronte dei fatti di particolare tenuità o della prognosi circa i futuri comportamenti del minore (art. 27 cppm, 169 cp).

In altri casi – specie quelli in cui vi è pericolosità legata a episodi di devianza e la condanna appare intempestiva in presenza di risorse e prospettive positive di evoluzione dell'itinerario formativo del minore adeguatamente sorretto da aiuti esterni che ne consentano il reinserimento sociale – si applica l'art. 28 che contempla la sospensione del processo e la messa alla prova.

Il progetto di messa alla prova è predisposto dai Servizi Sociali del Ministero della Giustizia a seguito dell'analisi della personalità del minore e delle sue potenzialità.

Nel progetto il giudice potrà impartire anche prescrizioni dirette a riparare le conseguenze del reato e **a promuovere la conciliazione del minore con la persona offesa dal reato.** (art. 27 co. 2 lett. d) disp attuazione cppm dlgs 272 del 1989) Questo è l'indiscutibile contenuto dell'"innominata" - nel senso che non è formalmente denominata nel cppm!! - mediazione penale minorile.

All'esito della sospensione il giudice valuta il minore e la relazione dei servizi che lo hanno avuto in affidamento. Se la prova è positiva ed ha avuto effetti educativi sulla personalità del minore che si è reinserito nel tessuto sociale il giudice dichiara estinto il reato.

Altre norme del cppm possono dare spazio alla mediazione. Anzitutto l'utilizzazione degli accertamenti sulla personalità del minore di cui all'art. 9 cppm. E specificatamente della previsione di cui al comma 2 che prevede la possibilità - sia per il PM che per il Giudice - di acquisire informazioni sul minore, anche consultando esperti senza formalità con i quali si vaglia, già in fase di indagini preliminari, la condotta posta in essere con possibilità di avviare un percorso di responsabilizzazione e di riconciliarsi con la vittima (anche la disponibilità a far qualcosa per la vittima del reato o a confrontarsi con essa è infatti considerato elemento valutativo della personalità del minorenne).

Per la definizione e per il contenuto della mediazione nel processo penale minorile si fa riferimento alle numerose fonti internazionali – in materia di giustizia riparativa e mediazione penale minorile – che costituiscono indirizzo per gli operatori.[16]

Gli Uffici centrali di Giustizia minorile con diversi atti e documenti si sono attivati con l'obiettivo di promuovere l'attività di mediazione penale nei centri e Uffici di Giustizia minorile italiani e fornire orientamenti condivisi e unitari in merito alle modalità di attuazione. Le linee guida sulla mediazione penale minorile – prot. 14095 del 30.4.2008 DGM Ministero Giustizia – definiscono ***la mediazione penale minorile come "attività intrapresa da un terzo neutrale al fine di ricomporre un conflitto fra due parti... attraverso la riparazione del danno alla vittima o la riconciliazione fra vittima e autore del reato***"; viene inoltre sottolineato che per attività riparatoria può intendersi anche una riparazione che prescinda dal risarcimento del danno - in senso stretto - privilegiandone gli aspetti simbolici.

La mediazione penale nel procedimento penale ordinario: la legge 67 del 2014

La legge 67 del 2014 ha introdotto il proc.to speciale – al pari degli altri previsti nel cpp - di messa alla prova che riprende – diversificandolo – lo stesso strumento processuale della messa alla prova del proc.to penale minorile del 1988.

Proprio con la previsione del pro.to di messa alla prova nel processo penale per i minorenni in Italia si è iniziato a parlare di giustizia riparativa; la legge 67 ha ampliato il dibattito.[17]

---

[16] – Le Regole Minime per l'amministrazione della giustizia minorile (O.N.U., New York, 29 novembre 1985) sostiene l'utilizzo di misure extra-giudiziarie che comportino la restituzione dei beni e il risarcimento delle vittime (art.11);
– La Convenzione di New York per i diritti del fanciullo (20.11.89) ratificata e resa esecutiva in Italia con legge 27 maggio 1991 n° 176 (art. 40.3) impegna gli Stati a "trattare" i minori, ove sia possibile, senza ricorrere a procedure giudiziarie;
– La Raccomandazione N.R (87) 20 del comitato dei Ministri dell'Unione europea su "le reazioni sociali alla delinquenza minorile"(part. 2 e 3) (Consiglio d'Europa, Strasburgo, 17 settembre 1987) che prevede per i minorenni l'opportunità di uscita dal circuito giudiziario e la ricomposizione del conflitto attraverso forme di "diversion" e "mediation", inoltre, viene raccomandato l'utilizzo di misure che comportino la riparazione del danno causato;
– La Raccomandazione N.R (99) 19 del Consiglio d'Europa, adottata dal Comitato dei Ministri in data 15.9.1999 su "la mediazione in materia penale". È il testo fondamentale in materia di mediazione penale. La raccomandazione contiene una definizione di mediazione penale ***comprensiva di ogni procedimento che consente una partecipazione libera e attiva delle parti – reo e vittima – alla risoluzione delle conseguenze dannose del reato sotto la guida di un terzo imparziale;***
– La decisione-quadro adottata dal Consiglio dell'Unione Europea il 15.3.2001 su "la posizione delle vittime nel processo penale" che, auspicando il più ampio ricorso alla mediazione in materia penale (art. 10) fissa il termine del mese di marzo 2006 per l'adeguamento normativo necessario, in ciascuno stato membro, all'attuazione (art. 17);
– La Raccomandazione Nuovi metodi di trattamento della delinquenza minorile e il ruolo della giustizia penale dei minori. Comitato dei ministri del CE n. R (2003) 20 del 25.9.2003 invita gli Stati a sviluppare nuove misure e sanzioni innovatrici e più efficaci di quelle tradizionali e in particolare dirette al risarcimento e alla riparazione della vittima compresa la mediazione. Obiettivo primario è il reinserimento e la educazione del reo.

L'introduzione del proc.to di messa alla prova ad opera della legge 67 del 2014 ha consentito di rompere nell'ordinario processo penale la corrispettività reato-pena (*giustizia retributiva*) ed ha aperto la prospettiva diversa di una *giustizia cd riparativa*: si irroga non una pena ma un progetto – con prescrizioni ed adempimenti - di messa alla prova per riparare la lesione provocata alla società ed alla po con il reato; ove l'imputato adempia al progetto il giudice pronuncia l' estinzione del reato.

Il proc.to di messa alla prova è un vero e proprio procedimento speciale (al pari di altri previsti nel codice di procedura); prevede un progetto[18] con contenuti e prescrizioni specifiche alcuni dei quali necessari: con impegni ed attività a favore della società (lavoro socialmente utile), con finalità responsabilizzante e con rivisitazione della propria condotta; e con la mediazione penale come contenuto possibile del progetto a favore della vittima.[19]

I contenuti essenziali del progetto sono:

- - modalità di coinvolgimento dell'imputato, del suo nucleo familiare e del suo ambiente di vita nel processo di reinserimento sociale, ove ciò risulti necessario e possibile;

- - prescrizioni comportamentali e impegni specifici che l'imputato assume secondo una prospettiva riparatoria,

orientata sia verso la vittima (elisione o attenuazione delle conseguenze del reato; eventuale risarcimento del danno; restituzioni) che verso la collettività (prescrizioni attinenti al lavoro di pubblica utilità ovvero all'attività di volontariato di rilievo sociale);

- - condotte volte a promuovere, ove possibile, la mediazione con la persona offesa;

- la "possibilità di svolgimento di attività di mediazione" è contemplata tra gli obiettivi dell'indagine e delle considerazioni che gli UEPE devono trasmettere al giudice insieme al programma di

---

[17] Le previsioni legislative del proc.to di messa alla prova hanno scalzato il dogma più indiscusso della giustizia penale: fare giustizia dinanzi ai reati esige la sentenza di condanna ad una pena....condanna che retribuisca (giustizia retributiva) con la pena il reo per il reato commesso con la pena modellata sullo schema della corrispettività ...+ grave il reato +grave la pena o se si vuole sul sistema o immagine tradizionale della giustizia della bilancia: negativo per negativo....retribuire il male con un altro male.

[18] un progetto di azioni consapevoli e responsabili da parte del reo verso la società - quale vittima generale ed aspecifica del reato - e verso la vittima specifica per riparare gli effetti distruttivi del reato che ha rotto i legami personali o sociali . In precedenza (nell'ordinamento penitenziario del 1975 nelle misure alternative alla detenzione ..sono previste attività in favore della vittima...degli adempimenti sociali o familiari..(art. 47...) era infatti possibile una progettazione di prescrizioni alternative alla pena da parte del reo solo in fase di esecuzione...quando già c'era stata la pena poi applicare.

Il presupposto dell'intero intervento legislativo è che il reato è anche e non solo violazione della norma penale ma violazione e rottura della relazione e dei diritti sociali e dei diritti individuali della vittima e che nessuna pena può cancellare il reato sia in termini ideali che materiali...e che il mero risarcimento del danno (com'è tutt'ora l'esito della costituzione di parte civile) non da ristoro alle persone...

[19] Il legislatore italiano della legge 67 ha avuto un forte impulso e sostrato nella normativa internazionale; in particolare nella DIRETTIVA N° 29 DEL 2012 DEL PARLAMENTO E CONSIGLIO EUROPEO che istituisce norme minime in materia di diritti, assistenza e protezione delle vittime di reato.

Nella parte *considerando* della direttiva 29 si prevede che:

– Il reato è anche violazione dei diritti individuali (n. 9);

– La mediazione penale è un servizio di giustizia ripartiva (n. 46); e tali servizi "*possono essere di grande beneficio per le vittime, ma richiedono garanzie volte a evitare la vittimizzazione secondaria e ripetuta, l'intimidazione e le ritorsioni. È opportuno che questi servizi pongano al centro gli interessi e le esigenze della vittima, la riparazione del danno da essa subito e l'evitare ulteriori danni. Nell'affidare un caso ai servizi di giustizia riparativa e nello svolgere un processo di questo genere, è opportuno tenere conto di fattori come la natura e la gravità del reato, il livello del trauma causato, la violazione ripetuta dell'integrità fisica, sessuale psicologica della vittima, gli squilibri di potere, l'età e la maturità o la capacità intellettiva della vittima, che potrebbero limitarne o ridurne la facoltà di prendere decisioni consapevoli o che potrebbero pregiudicare l'esito positivo del procedimento seguito.*"

trattamento, prima che venga deliberata la decisione sulla richiesta di sospensione con messa alla prova (disposizione di attuazione dettata dall'art. 141–ter, comma terzo cpp)[20]

Le caratteristiche della mediazione penale sono definite dalle direttive internazionali e da ultimo dalla direttiva UE 2012/29 quali la riservatezza, la segretezza, la volontarietà e la confidenzialità. (Identiche caratteristiche sono richiamate dal legislatore italiano nella mediazione civile e commerciale ex legge 28 del 2010 artt. 9 e 10).

L'attività di mediazione penale ha imprescindibili riferimenti nella normativa nazionale e internazionale e nelle buone prassi seguite in ambito minorile delineate dalle citate linee guida del Ministero della Giustizia – Dipartimento Giustizia Minorile – prot. 14095 del 30.4.2008.

La figura del mediatore può appartenere a diverse figure professionali con formazione specifica – teorica e pratica – in materia di gestione dei conflitti interpersonali e sociali e comunque deve in materia di mediazione penale essere un soggetto in posizione di terzietà rispetto alle parti e al proc.to. Peraltro i protocolli operativi richiamati dalla norma di attuazione suindicata attraverso equipe specializzate nel settore (anche avvalendosi a tal fine di centri o strutture pubbliche o private presenti sul territorio) postulano l'esperienza consolidata e specifica.

La mediazione penale è un proc.to volontario per le parti che vi aderiscono e può essere abbandonata in qualsiasi momento senza alcun pregiudizio. Il legislatore infatti prevede come obbligatoria la verifica e il sondaggio circa la possibilità di mediazione, ma non la necessità del suo svolgimento che va effettuato in ragione delle caratteristiche del soggetto, del reato, del programma di trattamento. Peraltro la caratteristica della volontarietà deriva anche dalla previsione che la mediazione può essere prevista ab origine e/o scaturire e maturare nel corso del programma di trattamento.

L'esito della mediazione, o meglio i diversi esiti anche in ragione dell'incontro congiunto o meno tra vittima e reo, non deve essere legato e vincolato al risarcimento del danno materiale alla vittima.

La legge 67, prevedendo la mediazione 'ove possibile', conferisce risalto ed evidenzia la disponibilità e la serietà degli sforzi profusi dall'imputato sul versante della riparazione inter-soggettiva, piuttosto che l'effettivo conseguimento del risultato o la soddisfazione manifestata dalla persona offesa. Peraltro, le condizioni economiche del reo non possono essere ostacolo alla definizione della mediazione e alla volontà dello stesso di riparare e rivedere la propria posizione circa il reato e le conseguenze dello stesso.

La vittima del reato, per converso, va preservata dalle conseguenze possibili del proc.to di mediazione. Sussiste la necessità evidenziata dalla direttiva 2012/29/UE di evitare *la cd vittimizzazione secondaria* che è bene parimenti protetto e da bilanciare con le finalità della mediazione.

---

[20] L' art. 141-ter disp. att.cpp descrive il ruolo degli UEPE.

-l'UEPE istruisce la domanda mediante l'indagine socio-familiare e redige il programma trattamentale, acquisendo il consenso dell'imputato e l'adesione dell'ente o del soggetto presso il quale l'imputato è chiamato a svolgere le prestazioni lavorative di pubblica utilità ovvero l'attività di volontariato sociale;

-il programma è quindi trasmesso al giudice, corredato dell'indagine socio-familiare e delle considerazioni che lo sostengono che non possono prescindere da una relazione sulle possibilità economiche dell'imputato, sulla sua capacità di svolgere attività riparatorie, sulle chances di una mediazione, da sperimentare eventualmente con la collaborazione di centri e strutture pubbliche o private presenti sul territorio;

- "le funzioni dei servizi sociali per la messa alla prova disposta ai sensi dell'art. 168 bis del cp sono svolte dagli Uffici locali di esecuzione penale esterna, nei modi e con i compiti previsti dall'art. 72 della legge 26.7.75 n.354" ed il programma di trattamento è redatto secondo anche quanto previsto dall'art. 40 della stessa legge;

- nella nuova disposizione di attuazione dettata dall'art. 141–ter, comma terzo la "possibilità di svolgimento di attività di mediazione..anche avvalendosi a tal fine di centri o strutture pubbliche o private"

- è contemplata tra gli obiettivi dell'indagine e delle considerazioni che gli UEPE devono trasmettere al giudice insieme al programma di trattamento, prima che venga deliberata la decisione sulla richiesta di sospensione con messa alla prova;

- il quinto comma del citato art. 141 ter disp. Att cpp assegna allo stesso Ufficio la responsabilità di redigere la 'dettagliata' relazione finale, da depositare insieme alle relazioni periodiche, non meno di dieci giorni prima dell'udienza fissata per l'adozione dei provvedimenti di cui all'art. 464-septies, con facoltà per le parti di prenderne visione ed estrarne copia.

Al riguardo va aggiunto che il decreto legislativo n° 212 del 15.12.015 – che ha attuato parimenti la direttiva 2012/29 – prevede norme in materia di diritti, assistenza e protezione delle vittime del reato tutelando tali soggetti particolarmente vulnerabili.
Il progetto di messa alla prova ove adempiuto e rispettato porta alla estinzione del reato....

La ratio, le funzioni e le caratteristiche del proc.to di messa alla prova sono molteplici:

1-la funzione recuperatoria: il percorso di reinserimento è disposto dal giudice che valuta: "possibilità di rieducazione e di inserimento del soggetto nella vita sociale" e nell'"evoluzione della personalità verso modelli socialmente adeguati"

Il percorso ha: 1) una componente afflittiva - a salvezza della funzione punitiva – finalizzata al recupero del soggetto: contenuto del progetto con obbligo di lavoro di pubblica utilità e possibile ristoro danni e mediazione penale; 2) una componente premiale: estinzione del reato.

2 -*la funzione deflattiva* dei procedimenti penali attuata con l'estinzione del reato dichiarata dal giudice in caso di esito positivo della prova.

La Consulta - con recentissima sentenza 91 del 27 aprile 2018 - ha definitivamente affermato la perfetta conformità alla Costituzione del procedimento di messa alla prova (art. 464 bis e seg.ti cpp) contestato in radice ed a più riprese da tutti gli operatori.

La sentenza 91 ha affrontato trasversalmente e sotto diversi profili la ratio dell'istituto rigettando la questione incidentale sollevata dal Tribunale di Grosseto che investito la Corte circa numerosi profili e, quindi, circa l'intera struttura del proc.to di messa alla prova.

La sentenza 91 è illuminante circa la nuova visione di intervento sanzionatorio in materia penale e quindi proprio circa la giustizia riparativa.

La Consulta aveva scrutinato altre questioni su aspetti specifici.[21]

Ma soprattutto ha affrontato i dubbi del giudice rimettente circa il contrasto del proc.to di messa alla prova con numerosi articoli della Carta Costituzionale (3,11, 25, 27) in quanto l'intervento ed i poteri del giudice e l'efficacia dei suoi provv.ti è condizionato dal consenso dell'imputato o in quanto è prevista l' espiazione della sanzione penale senza alcuna condanna definitiva da parte del magistrato.

La Consulta ha dichiarato la conformità della ratio e delle disposizioni essenziali del proc.to di messa alla prova alla Costituzione. Afferma la Consulta che l'approccio al procedimento di messa alla prova è del tutto nuovo al punto " *da non consentire un riferimento nei termini tradizionali alle categorie costituzionali penali e processuali, perché il carattere innovativo della messa alla prova «segna un ribaltamento dei tradizionali sistemi di intervento sanzionatorio»* (Corte di cassazione, sezioni unite penali, sentenza 31 marzo 2016, n. 36272).

Come hanno riconosciuto le sezioni unite della Corte di cassazione, «*questa nuova figura, di ispirazione anglosassone, realizza una rinuncia statuale alla potestà punitiva condizionata al buon esito di un periodo di prova controllata e assistita e si connota per una accentuata dimensione processuale, che la colloca nell'ambito dei procedimenti speciali alternativi al giudizio* (Corte cost., n. 240 del 2015). Ma di essa va riconosciuta, soprattutto, la natura sostanziale. Da un lato, nuovo rito speciale, in cui l'imputato che rinuncia al processo ordinario trova *il vantaggio di un trattamento sanzionatorio non detentivo; dall'altro, istituto che persegue scopi specialpreventivi in una fase anticipata, in cui viene "infranta" la sequenza cognizione-esecuzione della pena, in funzione del raggiungimento della risocializzazione del soggetto*» (Cass., sez. un., n. 36272 del 2016)...

"L'ordinanza che dispone la sospensione del processo e ammette l'imputato alla prova non costituisce un titolo per dare esecuzione alle relative prescrizioni. Il trattamento programmato non è infatti una sanzione penale, eseguibile coattivamente, ma dà luogo a un'attività rimessa alla spontanea

---

[21] Circa aspetti processuali relativamente ai procedimenti in corso al momento dell'entrata in vigore dell'istituto (definito con sentenza 240 del 2015 di infondatezza della questione) e sulle circostanze di reato e sui reati ai fini dell'ammissibilità al rito e sulla valutazione delle stesse (definito con ordinanza 54 del 2017 di inammissibilità ed infondatezza)

osservanza delle prescrizioni da parte dell'imputato, il quale liberamente può farla cessare con l'unica conseguenza che il processo sospeso riprende il suo corso...

Si tratta di una caratteristica fondamentale, perché viene riservata alla volontà dell'imputato non soltanto la decisione sulla messa alla prova, ma anche la sua esecuzione...

Il trattamento per sua natura è caratterizzato dalla finalità specialpreventiva e risocializzante che deve perseguire e deve perciò essere ampiamente modulabile, tenendo conto della personalità dell'imputato e dei reati oggetto dell'imputazione, sicché, considerata anche la sua base consensuale, non se ne può prospettare l'insufficiente determinatezza in riferimento all'art. 25, secondo comma, Cost.

Come questa Corte ha già rilevato, «la normativa sulla sospensione del procedimento con messa alla prova comporta una diversificazione dei contenuti, prescrittivi e di sostegno, del programma di trattamento, con l'affidamento al giudice di "un giudizio sull'idoneità del programma, quindi sui contenuti dello stesso, comprensivi sia della parte 'afflittiva' sia di quella 'rieducativa', in una valutazione complessiva circa la rispondenza del trattamento alle esigenze del caso concreto, che presuppone anche una prognosi di non recidiva" (Sezioni unite, 31 marzo 2016, n. 33216)» (ordinanza n. 54 del 2017).

Basandosi *l'istituto della messa alla prova sulla richiesta dell'imputato, che allega il programma di trattamento fatto elaborare dall'Ufficio di Esecuzione Penale Esterna,* è evidente che ogni integrazione o modificazione di questo programma ritenuta necessaria dal giudice richiede il consenso dell'imputato.

Qualora infatti il giudice consideri il programma proposto inidoneo a perseguire le finalità del trattamento, l'imputato deve poter scegliere se accettare le integrazioni o le modificazioni indicate oppure proseguire il giudizio nelle forme ordinarie: ciò non menoma le prerogative dell'autorità giudiziaria e non integra quindi la violazione dell'art. 101 Cost., dato che la facoltà è conforme al modello legale del procedimento." *(sentenza Consulta 91 del 2018)*

La Corte ha anche rigettato tutti gli altri profili pretesi di incostituzionalità.

La legittimità del procedimento di messa alla prova e la piena conformità degli strumenti di giustizia riparativa alla Costituzione è chiara.

L'accesso alla messa alla prova ed alla mediazione penale ed in sostanza agli strumenti di giustizia riparativa è ormai solo un problema culturale: occorre che tali strumenti siano conosciuti e diffusi tra gli operatori ed i cittadini per le opportunità e possibilità che offrono.

La mediazione familiare e l'ordinamento italiano.

L'insufficienza del diritto e dell'attività giudiziaria per risolvere il conflitto interpersonale si coglie con evidenza nel diritto di famiglia specie durante la fase patologia del rapporto familiare durante la separazione o il divorzio. Si osserva infatti come:

"*La famiglia contemporanea conserva principalmente la finalità di realizzare la vita familiare in sé considerata, intesa come reciproca espressione di solidarietà e di affetti*[...]. *Ebbene, questi delicati rapporti personali, i quali non possono avere altro fondamento reale che* ***l'affetto****, non si prestano ad essere direttamente disciplinati dalla regola giuridica.*" "*Il nuovo diritto di famiglia tiene dunque in maggiore considerazione gli individui, i loro sentimenti e gli interessi del* loro *matrimonio e della* loro *famiglia, anziché gli interessi della famiglia considerata astrattamente, come istituzione*".*(*Trimarchi ist. Di diritto privato pg. 805 e 814).

Sotto questo profilo è illuminante l'espressione di un grande giurista*: il matrimonio è un'isola che le acque del diritto possono soltanto lambire* (AC Jemolo).

Quindi per usare metafore – attività tipica del mediatore – il diritto per il rapporto familiare è la cornice del quadro o l'argine del fiume: il contenuto del quadro o ciò che vi scorre negli argini è la vita dei coniugi-genitori, l'essenza del matrimonio, che il diritto – cornice o argine – può a malapena descrivere o contenere.

La nostra Costituzione afferma che la famiglia è una società naturale fondata sul matrimonio (art. 29 cost.ne) dando contezza delle finalità sociali o meglio ultraindividuali del matrimonio. In rapporto di matrimonio è particolare: non è un contratto (rapporto giuridico patrimoniale) ma è un negozio giuridico legittimo immune da apposizioni di condizioni o termini o da modifiche soggettive.

Il rapporto coniugale sotto il profilo giuridico è intangibile: le parti contraenti possono solo accettarlo in tutta la struttura e gli effetti che l'ordinamento prevede: l'obbligo di fedeltà, di coabitazione, di reciproco mantenimento... l'obbligo di mantenere educare e istruire la prole... E pertanto le conseguenze giuridiche non possono essere determinate o meglio più precisamente e le parti possono incidere solo una parte irrisoria (il regime patrimoniale) dell'istituto.

Sotto questo profilo la materia del diritto di famiglia è assolutamente diversa da qualunque altra branca del diritto: dà luogo a diritti indisponibili; per es. circa l'interesse dei minori a ricevere il mantenimento, l'educazione e a crescere in un ambiente sano, pena l'intervento della giustizia con i proc.ti ablatori o sanzionatori in materia di potestà genitoriale (art. 330 e 333 cc).

Quindi nella materia matrimoniale il diritto, la causa, la sentenza non sono strumenti idonei a "comprendere" compiutamente le situazioni umane e relazioni interpersonali afferenti al rapporto coniugale, alla separazione ed al divorzio e ne colgono solo una minima parte: il contenuto vivo e importante per i coniugi e i figli resta inespresso, incompreso o meglio non accolto.

Esempi concreti di "insufficienza" o "inadeguatezza" del diritto e del processo a comprendere tali relazioni:

1. I concetti relativi ai rapporti coniugali e genitoriali non sono concetti giuridici, ma mutuati da altri saperi. Esempio: i coniugi hanno obbligo di educare la prole; il concetto di educazione tutto è tranne giuridico... è psicologico, sociologico, culturale... e peraltro è relativo e muta nel tempo... e con esso il ruolo genitoriale che peraltro ha avuto concrete modifiche giuridiche nell'arco di pochi decenni: da patria potestà a potestà genitoriale sino a responsabilità genitoriale. Anche il contenuto di tali concetti è storicamente mutabile: es. i metodi educativi e correttivi... qualche decennio fa metodi correttivi "forti" erano sollecitati dai genitori agli insegnanti oggi quegli interventi correttivi sarebbero fonte di denuncia.

2. La difficoltà e la parzialità del diritto in tali ambiti si diffonde anche all'operatore del diritto: il giurista, l'avvocato, il giudice, usano schemi e paradigmi concettuali relativi alla legge, alla sua applicazione giudiziaria: fondamentalmente sono ricondotti alla ragione ed al torto.

3. Il conflitto sottostante – separazione e divorzio – sono poi portati in tribunale nel luogo evocativo per eccellenza del conflitto... luoghi in cui il conflitto è istituzionalizzato. Anche la sentenza che dovrebbe risolvere il conflitto, ma in realtà risolve solo la minor parte del rapporto regolato dal diritto lasciando impregiudicato tutto il resto. Sotto questo profilo la sentenza è parziale e incompleta. Tant'è che la conflittualità familiare non ne esce attenuata anzi...

4. Nel Codice procedura civile il Libro I "disposizioni generali" il capo III parla del consulente, del custode e di altri ausiliari:

– *Consulente tecnico art. 61 cpc*: quando è necessario il giudice può farsi assistere per il compimento di singoli atti o per tutto il processo da uno o più consulenti di particolare competenza tecnica. La scelta è fatta in appositi albi speciali;

– *altri ausiliari: l'art. 68 cpc* nei casi previsti dalla legge o quando ne sorga necessità il giudice... si può fare assistere da esperti in una determinata arte o professionale e, in generale, da persona idonea al compimento di atti che non è in grado di compiere da sé.

Il consulente o altri ausiliari sono il riconoscimento che il giudice e più in generale il diritto è "insufficiente" e deve essere supportato da esperti in altri saperi... di altre conoscenze...

La riforma relativa alla separazione effettuata dapprima con legge n° 54 dell'8 febbraio 2006 e poi con d. legs 154 del 2013 ha introdotto l'affido dei figli condiviso e sancito il diritto alla bigenitorialità (337 ter cc già art. 155 cc ora): tranne casi particolari di contrarietà all'interesse del minore in cui vi è l'affido esclusivo, i figli sono affidati ad entrambi i coniugi.

Tuttavia *il giudice nel procedimento di separazione giudiziale dei coniugi "qualora ne ravvisi l'opportunità sentiti i coniugi e ottenuto il loro consenso può rinviare l'adozione di cui all'art. 337 ter (provvedimenti riguardo i figli) per consentire che i coniugi,* ***avvalendosi di esperti, tentino una mediazione per raggiungere un accordo****, con particolare riferimento alla tutela dell'interesse morale e materiale dei figli. (art.337 octies cc già* ***155 sexies cc****)*

In Italia la mediazione familiare non è una professione regolamentata, non esiste un Albo o un Ordine professionale[22] né dei requisiti definiti per esercitarla. Solitamente viene praticata da figure professionali già strutturate – quali avvocati, psicologi, assistenti sociali – che hanno frequentato un corso, un master ecc.

In Italia si parla di mediazione familiare da qualche decennio: il primo centro di mediazione familiare nasce a metà degli anni '70 in America – la Family Mediation Association – un servizio di mediazione alle coppie in via di separazione o divorzio. Successivamente si diffonde anche in Europa dapprima in Inghilterra, in Francia con specifiche leggi che ne regolamentano rispettivamente l'obbligatorietà e la facoltatività. A fine Anni '80 l'associazione GeA (Genitori Ancora) nasce a Milano con l'intento di divulgare la pratica della mediazione familiare. Nascono di seguito un po' in tutta Italia centri sperimentali di mediazione familiare cui fanno seguito le prime scuole per formare i futuri mediatori familiari.
Successivamente nascono alcune associazioni con l'intento di raggruppare i vari mediatori familiari sul territorio e di diffondere la cultura della mediazione stessa. L'obiettivo è inoltre quello di definire – in assenza di una regolamentazione statale – alcuni criteri quali quelli formativi e deontologici. Vi sono ormai numerosi tribunali in cui vi è un protocollo con associazioni per l'avvio della mediazione dei coniugi in via di separazione.
In assenza di normativa italiana si fa riferimento alla normativa europea anche per la mediazione familiare.[23]

La mediazione: concetti comuni e trasversali ai vari settori del diritto di applicazione.

Negli ambiti di diritto suindicati la mediazione è da intendersi come una modalità di risoluzione e riorganizzazione del conflitto che riguarda due parti o più parti: in presenza di un mediatore, terzo tra le parti e neutrale che "guida" le parti durante il processo di mediazione finalizzato a favorire e/o creare nuove vie di comunicazioni e relazioni nel conflitto, che è scaturito in ambito familiare, penale, sociale etc..

Presupposto della mediazione in toto a prescindere dal campo di applicazione è l'esistenza di un conflitto:
"Il conflitto nasce dall'incontro di due desideri contraddittori che si oppongono l'un l'altro e che appaiono come vitali a coloro ai quali appartengono. Tale confronto con i desideri dell'altro

[22] V'è stato un tentativo di regolamentazione: la Regione Lazio ha istituito l'elenco dei Mediatori Familiari con la L.R. n° 26 del 24 dicembre 2008, pubblicata sul Bollettino Ufficiale della Regione Lazio n° 48 del 27 dicembre 2008, ma la Corte costituzionale, con la sentenza 131/2010, ne ha dichiarata l'incostituzionalità perché "in contrasto con il principio fondamentale in materia di regolamento delle professioni, in base al quale spetta esclusivamente allo Stato l'individuazione delle figure professionali con i e relativi profili e titoli abilitanti".

[23] -European code of conduct for mediators dell'Unione Europea (del giugno 2004): il codice europeo di comportamento dei mediatori in cui la mediazione è definita un procedimento comunque denominato o definito in cui due o più parti mirano a raggiungere un accordo per la risoluzione della controversia che li oppone;
-Raccomandazione 1639 della Commissione dei ministri dell'assemblea parlamentare on Family mediation and equality of sexes del 21 june 2004;
-Linee guida del dicembre 2007 per l'implementazione delle mediazione familiare e in materia civile della commissione Europea per l'Efficienza dei Tribunali.

costituisce un limite alla realizzazione dei nostri. Deve essere necessariamente conflittuale poiché si tratta di difendere i nostri desideri di fronte ai limiti imposti dall'espressione dei desideri dell'altro... Deve esserci – in questa situazione – necessariamente un perdente e un vincente. La volontà del più forte permette al desiderio dell'uno di prevalere sull'altro. Si stabilisce così un rapporto di forza, vero e proprio desiderio di possesso, desiderio di potere e sottomissione dell'altro. Siamo lontani dall'aver un'armonia tra due posizioni in conflitto. Se tale situazione si produce in maniera frequente, l'accumulo può condurre a una degradazione della relazione. Ognuno si sente attaccato dall'altro nella propria identità il che è fonte di profondo malessere."(Morineau "*Lo spirito della mediazione*" pg. 29)

La mediazione si è declinata in forme differenti che derivano dalla diversa concezione dell'uomo; sintetizzando e semplificando:

- Da un lato si colloca **una concezione liberista**: l'essere umano e la sua attività sono determinati prevalentemente da motivazioni di ordine economico; l'uomo si associa, compete, entra in conflitto con i suoi simili, soprattutto per **interessi "materiali" per opportunità, per contratto sociale**. La mediazione che ne discende consiste nella "massimizzazione degli utili": la mediazione aiuta gli individui o i gruppi a individuare possibili soluzioni, soddisfacenti, in virtù di un calcolo "razionale", negoziale-utilitaristico;
- – All'opposto si colloca **una concezione umanistica**, un approccio che, senza escludere il precedente, pone però l'accento sull'ambito spirituale ed emotivo dell'uomo e in primo luogo **sul significato delle "emozioni"** che manifesta e di cui è depositario in maniera unica e personale.
  Sulla base delle proprie emozioni ciascun soggetto conserva la propria irriducibile possibilità di incidere sulla propria vita e sul proprio destino, attraverso le relazioni che costruisce. La mediazione è la rielaborazione emotiva e spirituale dell'esperienza del conflitto, volta a rigenerare positivamente i soggetti coinvolti nel conflitto accentuando l'elemento comunicativo ed esperienziale della relazione.[24]

Il mediatore è un esperto nella gestione dei conflitti, è imparziale e non dà giudizi. Il suo compito consiste nel riaprire i canali di comunicazione interrotti dal conflitto. Ponendosi in una posizione neutrale, non giudica l'adeguatezza delle proposte dei confliggenti e non fornisce la soluzione ai problemi, ma si limita a favorire forme di comunicazione, relazione e cooperazione, stimolando i coniugi nell'esplorazione di soluzioni condivise.

Nella mediazione le parti sono investiste della responsabilità dei risultati che possono essere raggiunti; il mediatore è invece responsabile del percorso e del suo svolgimento è un facilitatore e/o catalizzatore che guida i soggetti coinvolti nello sviluppo del processo di mediazione.

Il rafforzamento del potere decisionale delle parti è indipendente da ogni risultato della mediazione: le parti, infatti, guadagnano forza dal processo di autoconsapevolezza, autodeterminazione, nella sessione di mediazione, superando il sospetto e la diffidenza e arrivando al riconoscimento dell'altro.

Nella mediazione il conflitto e soprattutto il suo superamento, è posto in secondo piano rispetto alla possibilità di introdurre vie di comunicazione e di relazione tra le parti.

---

[24] Applicando tale visione alla mediazione familiare:

- *Il primo approccio* vede il matrimonio come fenomeno sociale con forti accenti legali ed economici e le parti coinvolte tendono a risolvere il conflitto con la mediazione che facilita soluzioni soddisfacenti al fine di massimizzare l'utilità. I concetti e tecniche di mediazione applicati richiamati rimandano più ai negoziati di tipo legale e commerciale;
- *Il secondo approccio*, quello umanistico, nel conferire al rapporto matrimoniale prioritariamente valenza affettiva e relazionale considera la "crisi" della famiglia come un momento disfunzionale delle relazioni familiari. La mediazione è un'occasione di cambiamento con prospettive e sguardo nuovo cercando positività per il futuro per i soggetti confliggenti per il bene proprio e dei figli. I concetti e tecniche di mediazione richiamano più le tecniche psicologiche di terapia familiare.

Si tratta chiaramente di schematizzazioni a puri fini esplicativi per delimitare i confini estremi entro cui si collocano le visioni intermedie della mediazione.

Per far questo le tecniche, il sapere, il rapporto empatico, la comunicazione, possono essere affrontate da mediatori i cui saperi appartengono a operatori delle scienze umane e giuridiche purché si distacchino dal mondo di appartenenza "spogliandosi" per quanto possibile degli strumenti professionali:

a) dal diritto e dalla logica del torto o ragione o dal giudizio – nel caso degli avvocati –;
b) dalla relazione terapeutica – nel caso degli psicologi –.

Solo così le parti prendono atto che non sono assistiti da professionisti per una loro patologia giuridica o psicologica, ma da mediatori che li guidano affinché:
- Attivino canali di comunicazione con l'altra parte: in questo senso la mediazione può avere le caratteristiche di "*un percorso relazionale*";
- Riconoscano le ragioni dell'altro: la mediazione può avere le caratteristiche di un "*percorso educativo*";
- Definiscano anche con accordi giuridici i conflitto: in questo senso la mediazione può essere un "*percorso con risvolti giuridici*".

Il contenuto nella mediazione è vario e in questo senso multidisciplinare. Le caratteristiche del percorso di mediazione possono quindi essere:

- La volontarietà;
- La confidenzialità e riservatezza;
- L'imparzialità del mediatore e garanzia del percorso condiviso esente da prevaricazioni e imposizioni;
- L'assenza di finalità programmate;
- La restituzione del potere di decidere della propria relazione con l'altro azzerando o riducendo la delega a terzi;
- L'assenza di formalità particolari;

Nel mondo degli operatori del diritto ancora molte sono le resistenze all'accesso alla mediazione vista come un intrusione nell'ambito di competenza.

Ma la resistenza è più che altro culturale... e l'assenza di normativa italiana – in tutti gli ambiti penale e familiare - non aiuta. Paradossalmente la regolamentazione invece è specifica nel campo civile e commerciale al contrario di tali ambiti in cui chiaramente gli interessi in gioco sono chiaramente diversi e distinti e meno patrimonialmente valutabili!!

Peraltro anche da operatore del diritto si evidenzia che proprio nell'aree del conflitto che il diritto non regolamenta in toto e che non può risolvere ex se solo la consapevolezza che il diritto "*non comprende*" i fattori fondanti la persona, i suoi affetti etc..rende approcci adeguati alla controversia giudiziaria; e solo diritto ed un processo aperto all'ausilio di scienze e tecniche diverse che possano aiutare a dar risposta alla intrinseca complessità dell'uomo e delle sue vicende può render risposte ed approcci altrettanto articolati.

Non è certo una visione eterea del conflitto o cieca sulle possibilità della "mediazione" – che non è per tutti ..ma di chi sa coglierne il senso ed i frutti - ma è la risultante di uno sguardo concretamente esperienziale.

La mediazione può essere concretamente uno *spazio*, un *tempo*, un *luogo* (Morineau) per le parti in conflitto, un'opportunità relazionale di comprensione e di riconoscimento delle reciproche posizioni per giungere a depurare il conflitto della rabbia e dell'odio distruttivi che ottenebrano la persona, il ruolo che riveste nella relazione, le decisioni...

Il conflitto non è detto che si sani ma certamente all'esito di un sano approccio alla mediazione risulta meno distruttivo e devastante per le persone, anche sul versante giudiziario.

Professione Mediatore Familiare

di Isabella Buzzi

(Mediatrice Familiare e Civile, formatore. Socio Fondatore Associazione Italiana Mediatori Familiari)

Il mediatore familiare ha il compito professionale di condurre i partner ad affrontare il loro conflitto di coppia, affinché possano riorganizzare personalmente il loro futuro a tutela dei figli (o magari soltanto del loro interesse economico se non hanno avuto figli). Oltre all'ascolto, egli si adopera per promuovere l'empatia reciproca: quando con la sua riformulazione-narrazione saprà aiutarli a ritrovare la loro dignità e a vedersi rispettati, quando nel mantenersi centrato e psicologicamente equilibrato riuscirà a mantenere in movimento lo "scambio" tra i partecipanti e l'energia delle trattative, quando saprà intervenire con armonia e in modo opportuno nel processo, mantenendosi congruente, allora avrà raggiunto l'arte della mediazione, al di là dell'eventuale accordo pratico che i partecipanti possono aver raggiunto o meno.

In Europa prima e in Italia in seguito, anche se più timidamente e in ritardo di circa quindici anni, la mediazione familiare è stata salutata fin dagli anni Settanta con esperienze pilota che hanno condotto alla promulgazione di leggi che l'hanno promossa al fine di tutelare le famiglie e i minori. Dalla metà degli anni Novanta anche nel nostro Paese, recependo la raccomandazione della Convenzione di Strasburgo nel 1995, sono stati avviati numerosi corsi di formazione seri e qualificanti riconosciuti a livello europeo (minimo annuale di almeno 180 ore da frequentarsi in aula e con incluso, nella formazione, il tirocinio professionale), che hanno diffuso la cultura della mediazione familiare.

La Legge 285/97 – Disposizioni per la promozione di diritti e di opportunità per l'infanzia e l'adolescenza, fu la prima a promuovere, attraverso finanziamenti, i servizi di mediazione familiare e di consulenza per famiglie e minori al fine del superamento delle difficoltà relazionali. L'anno successivo, la Raccomandazione n. R (98) del Comitato dei Ministri del Consiglio d'Europa definì la mediazione familiare come metodo appropriato di risoluzione dei conflitti familiari e il mediatore familiare come "un terzo imparziale e neutrale al di sopra del conflitto, ...che avrà più a cuore l'interesse superiore del fanciullo e dovrà incoraggiare i genitori a concentrarsi sui bisogni del fanciullo ricordando la loro responsabilità primordiale trattandosi del benessere dei loro figli e della necessità che essi hanno di informarli e consultarli".

Fu fin da subito chiarito che il mediatore familiare professionale non fosse né giudice, né arbitro, né avvocato, né psicologo/psicoterapeuta o educatore, ma un facilitatore della comunicazione fra le parti, capace di stimolare queste ultime a decidere come rinegoziare pragmaticamente le loro relazioni familiari. Il mediatore familiare aveva una pregressa professionalità sia nelle scienze psico-sociali (psicologo, psicoterapeuta, assistente sociale, etc.) sia nelle scienze giuridiche (giurista, avvocato etc.), ma doveva necessariamente aver conseguito anche una abilitazione "ad hoc" alla pratica della mediazione familiare, attraverso un percorso formativo realizzato dalle scuole di formazione in mediazione, le quali aderirono agli standard professionali e deontologici europei previsti dalla *Charte Européenne de la formation des médiateurs familiaux dans les situations de divorce et séparation* (1992).

I parametri formativi e deontologici furono poi ribaditi dal *Forum Européenne formation et recherche en médiation familiale* (1997) e dal *Code Européenne des médiateurs familiaux*- European Commission Directorate-General Justice and Home Affairs Bruxelles (2004).

Il mediatore familiare nasce, quindi, come figura professionale distinta e specifica. Si distingue in quanto agisce nella lite in modo non direttivo, astenendosi da ogni giudizio e agendo per facilitare la comunicazione e il superamento della crisi, restando neutrale, imparziale e attenendosi al segreto.
Il mediatore familiare avrebbe dovuto saper indirizzare gli interessati in lite a un altro professionista competente, quando ciò fosse risultato necessario. Questo principio fu molto importante perché sottolineò come il mediatore familiare, nell'ottica della multidisciplinarietà della propria formazione professionale, avesse il compito di inviare necessariamente le coppie ad un avvocato, ad esempio, o ad uno psicoterapeuta o ad altro professionista, qualora fossero occorse competenze specifiche e ulteriori.
Con l'intento di realizzare, nel tempo, una nuova professione, costituendo un Registro di Mediatori Familiari in attività che si auto-normarono, definendo i propri parametri etici e formativi in vista della eventuale creazione di un albo, nel 1999 venne registrata l'Associazione Italiana Mediatori Familiari (A.I.Me.F.). L'Associazione riprendeva le caratteristiche della professione dettate sia dal *Forum Européenne formation et recherche en médiation familiale* che dalle principali normative statunitensi, dove la professione era diffusa e normata da almeno vent'anni.
La Commissione delle Politiche del Lavoro e delle Politiche Sociali del Consiglio Nazionale dell'Economia e del Lavoro stavano conducendo a quell'epoca, già da dieci anni, un lavoro di elaborazione di un testo di legge per la regolamentazione delle nuove professioni, e a tal fine predisposero un preciso regolamento per la registrazione delle associazioni relative alle cosiddette professioni non regolamentate, quale era quella esercitata dai mediatori. Nell'ottobre 2003 l'Associazione Italiana Mediatori Familiari (A.I.Me.F.) venne iscritta presso il C.N.E.L. (Consiglio Nazionale dell'Economia e del Lavoro) al n.033/03, come associazione in grado di garantire i requisiti fissati in merito alle nuove professioni intellettuali per i mediatori familiari.
L'anno successivo, la Raccomandazione dell'Assemblea Parlamentare del Consiglio d'Europa n. 1639/2003, recepita in data 16.06.2004 – Mediazione Familiare e uguaglianza dei sessi, caldeggiò nuovamente l'introduzione dell'istituto della mediazione familiare negli stati membri.
Dopo un biennio, nello stesso anno della Raccomandazione R (2006)19 del Comitato dei Ministri, adottata in data 13.12.2006 (n. 983) – Politiche di sostegno alla genitorialità, venne promulgata la Legge 54/2006, che introdusse la mediazione familiare nel processo di separazione e divorzio; ma l'art. 155 sexies c.c. nulla specificò in merito al profilo di quell'esperto cui il giudice avrebbe suggerito alla coppia di rivolgersi per una mediazione. Venne precisato, però, come il processo di mediazione fosse un percorso volontario, occorrendo necessariamente il consenso delle parti, a dimostrazione di un impegno responsabile assunto da entrambi nel voler cooperare nella ricerca di soluzioni idonee per tutelare l'interesse morale e materiale dei figli.
Quanto affermato, consentì di descrivere il compito del mediatore familiare come finalizzato principalmente a restituire alle coppie la capacità di decidere in prima persona come gestire la vita futura "fra i membri della propria famiglia" la quale, anche se destrutturata dalla vicenda separativa della coppia, non avrebbe smesso di esistere, perché i figli potessero crescere serenamente mantenendo legami familiari indispensabili con entrambi i genitori. I genitori in mediazione familiare avrebbero potuto ricostruire responsabilmente il loro legame genitoriale, riconoscendosi l'un l'altro ruoli, capacità educazionali e di cura attraverso accordi equi mutuamente accettabili, così da poter essere rispettati e durare nel tempo. Il percorso di mediazione familiare si sostanziò e si strutturò, con l'obiettivo più conosciuto e diffuso di portare in salvo la "continuità genitoriale" (inserito nella L.54/2006 attraverso il principio della "co-genitorialità").
La mediazione familiare poteva anche essere intrapresa in modo completamente spontaneo, da coniugi come da coppie non coniugate, con o senza figli, da chi avesse voluto negoziare, attraverso l'opera di un mediatore, la futura riorganizzazione genitoriale e/o patrimoniale post rottura del proprio

legame di coppia. Il mediatore familiare si è assunta il compito di rilanciare la relazione genitoriale oltre la rottura della relazione di coppia, responsabilizzando gli adulti attraverso un processo decisionale interattivo fra loro, idoneo a rinegoziare la relazione genitoriale, per tutelare l'interesse superiore dei figli a mantenere relazioni personali e contatti diretti con entrambi i genitori, liberando così questi ultimi dal conflitto degli adulti.
L'introduzione della mediazione familiare nel vissuto italiano, relativo alla separazione e al divorzio, fu rinforzata in seguito dal Regolamento UE del Consiglio del 20.12.2010 n. 1259 (Roma III) relativo all'attuazione di una cooperazione rafforzata nel settore della legge applicabile al divorzio e alla separazione personale. Nello stesso anno si assistette alla pubblicazione del Decreto Legislativo 28/2010 che avrebbe introdotto, a partire dall'anno successivo, ma non senza resistenze da parte degli avvocati, l'obbligo di adire la mediazione civile per tentare una soluzione della lite per una serie di controversie tra cui le Divisioni; di conseguenza la mediazione civile arrivò ad inserirsi nell'ambito della mediazione familiare globale (ovvero che si occupa di tutti gli aspetti di riorganizzazione familiare legati alla separazione personale e allo scioglimento dei vincoli civili del matrimonio), a proposito della divisione dei beni comuni della coppia in fase di divorzio giudiziale.
Sulla scorta delle riforme in corso nel primo lustro del 2010, e in seguito alle vicende relative alla Mediazione Civile, che dopo essere stata sospesa per un periodo venne reintrodotta, l'Articolo 6 della Legge n. 162/2014 "Misure urgenti di degiurisdizionalizzazione ed altri interventi per la definizione dell'arretrato in materia di processo civile", in materia di negoziazione assistita da uno o più avvocati, previde che l'accordo raggiunto a seguito della convenzione dovesse dare atto che gli avvocati, anche in assenza di figli minori, "hanno tentato di conciliare le parti e le hanno informate della possibilità di esperire la mediazione familiare e che gli avvocati hanno informato le parti dell'importanza per il minore di trascorrere tempi adeguati con ciascuno dei genitori".
Il riferimento espresso alla mediazione familiare, tuttavia, non è previsto né nell'art. 708 c.p.c., sul procedimento di separazione, né nell'art. 4 della Legge 898/70, relativo al procedimento di divorzio, mentre l'articolo 337-octies c.c. prevede, ancora, che il giudice possa differire l'adozione dei Provvedimenti sull'affidamento dei minori in caso di separazione, quando le parti acconsentano a rivolgersi ad esperti per tentare una mediazione.
Nell'ordinamento giuridico italiano, come possiamo osservare, non pare definita esplicitamente la mediazione familiare, né viene disciplinato l'accesso alla professione, anche se esistono una serie di riconoscimenti giurisprudenziali e normative regionali a riguardo. Ma è veramente così?
La Legge 14 gennaio 2013, n. 4 – "Disposizioni in materia di professioni non organizzate", entrata in vigore il 26 gennaio 2013, ha dato avvio ad un progressivo cambiamento nel mondo delle professioni intellettuali, fornendo ai mediatori familiari una serie di benefici: ha legittimato il mediatore familiare nello status di professionista, ha indotto il mediatore familiare a migliorare le proprie competenze, la qualità e le metodologie di erogazione della mediazione familiare, ha fornito al mediatore familiare le strutture organizzative, per mezzo delle proprie associazioni, per essere stimolato e poter attingere livelli crescenti nella propria qualità professionale, ha fatto delle associazioni professionali, aventi determinate caratteristiche, lo strumento di garanzia verso il pubblico e ha orientato il mercato verso il professionista associato di cui esse abbiano attestato la qualità professionale.
Attesa da vent'anni, la Legge 4/2013 riconosce la natura di professione all'attività economica, anche ma non necessariamente organizzata, volta alla prestazione di servizi o di opere a favore di terzi, esercitata abitualmente e prevalentemente mediante lavoro intellettuale, regolamentando le professioni non organizzate in ordini e collegi; promuove l'autoregolamentazione volontaria e la qualificazione dell'attività dei soggetti che esercitano una professione, non organizzata in ordini o collegi. La qualificazione della prestazione professionale, con questa legge, si basa sulla conformità della medesima alla normativa tecnica UNI, sulla base delle linee guida CEN 14 del 2010. I requisiti,

le competenze, le modalità di esercizio dell'attività e le modalità di comunicazione verso gli utenti, individuate dalla normativa tecnica UNI, costituiscono principi e criteri generali che disciplinano l'esercizio della professione e ne assicurano la qualificazione.

La Legge 4/2013 ha previsto per i professionisti la possibilità di costituire associazioni a carattere professionale di natura privatistica, senza alcun vincolo di rappresentanza esclusiva della professione in questione, lasciando così sussistere la possibilità che ne esistano varie per la medesima figura. Attualmente, oltre ad A.I.Me.F., che risulta iscritta dall'aprile 2013 e che è la più numerosa e diffusa associazione di mediatori familiari in Italia, sono iscritte al Ministero dello Sviluppo economico, nell'elenco delle associazioni che rilasciano l'attestato di qualità e di qualificazione professionale dei servizi prestati dai soci, anche la Società Italiana di Mediatori Familiari (S.I.Me.F.), l'Associazione Internazionale Mediatori Sistemici (A.I.M.S.), l'Associazione Europea Mediatori Familiari (A.E.Me.F.), l'Associazione Italiana Risoluzione Alternativa Conflitti (A.I.R.A.C.), l'Associazione di Professionisti della Mediazione (BRAIN MED), e l'Ente Nazionale Mediatori Familiari (E.NA.ME.F.) e presto lo sarà anche MEDEFitalia – Mediatori della Famiglia-Italia, Associazione italiana di professionisti della mediazione familiare.

Per far valere di più e meglio le istanze dei professionisti associati, le Associazioni possono aggregarsi fra loro e costituire un'associazione di secondo livello o federazione.

Una delle più importanti funzioni di tali forme aggregative, secondo la L. 4/2013, oltre alla verifica sulla congruità dello standard qualitativo delle associazioni che vi aderiscono, è quella di promozione e qualificazione delle attività professionali che rappresentano, nonché di divulgazione delle informazioni e delle conoscenze ad esse connesse e di rappresentanza delle istanze comuni nelle sedi politiche e istituzionali. Il 28 novembre 2016, difatti, è nata la prima Federazione Italiana delle Associazioni di Mediatori Familiari (F.I.A.Me.F.); i soci fondatori sono l'A.I.Me.F., rappresentata dalla dott.ssa Federica Anzini, l'A.I.M.S., rappresentata dal dr. Giuseppe Ruggiero e la S.I.Me.F., rappresentata dalla dott.ssa Paola Re, la quale è stata eletta Coordinatore della Federazione stessa.

A partire dal 2013 A.I.Me.F., S.I.Me.F., A.I.M.S. e A.E.Me.F. hanno collaborato, assieme ad altri *stakeholders*, all'elaborazione della normativa tecnica UNI 11644:2016 "Mediatore Familiare", che ne definisce il profilo a partire dai compiti e dalle attività specifiche identificate per la professione in termini di conoscenze, abilità e competenze e la specifica formazione (percorso biennale di minimo 240 ore, di cui 180 da svolgersi in aula; 170 ore devono essere dedicate alla mediazione familiare e sono da svolgersi tutte in aula; il tirocinio e la supervisione alla pratica professionale deve essere di minimo 80 ore e va svolto in affiancamento ad un mediatore familiare più esperto per almeno 20 ore; gli esami da superare sono a) uno scritto, b) il gioco di ruolo o esame pratico, c) l'esame orale su: tesi, il percorso formativo, il percorso professionale e almeno un caso mediato e supervisionato).

La Norma Tecnica UNI 11644 del 2016 nulla apporterà di nuovo nella professione, ma fisserà in modo palese e riconoscibile anche da terzi, che potranno eventualmente procedere al rilascio della certificazione di qualità, quanto stabilito dai mediatori familiari stessi fino al momento attuale.

Il Consulente in ADR

di Massimiliano Ferrari

(Mediatore, Formatore)

Siamo ormai pronti… il consulente in A.D.R. credo sia sempre più vicino a diventare parte di quelle che sono o possono essere le prospettive future di chi si avvicina alla professione

Dico questo perché ormai da anni spendo il mio tempo tra le questioni connesse alla Mediazione civile e di conseguenza mi accordo di come sempre più gli Avvocati siano pronti e preparati non solo a conoscere la Mediazione in quanto istituto e norma (penso al famoso Decreto 28 che soprattutto i formatori citano in abbondanza ed a volte in modo forse eccessivo….) ma anche ad affrontare in misura sempre maggiore quelle che possono essere le regole del gioco della Mediazione decisamente diverse da quelle che poi incrociano in Tribunale.

Nello stesso tempo mi immergo in quelle che sono le questioni connesse al contenzioso fiscale e quindi – giocoforza - incontro quella che ha il "coraggio" di chiamarsi Mediazione Tributaria….

Ultimamente poi avvicinandomi anche al percorso formativo - legato al progetto "Invece di giudicare" - mi sento di evidenziare come Consulenza e Formazione nelle scuole e per le scuole possa essere un altro importante e significativo tassello teso a creare quella cultura pro Mediazione che potrebbe anche far venir meno l'obbligo di esperire un tentativo (ben diverso dal dire in modo autoritario che si è quasi "obbligati" a mediare questo resta il mio gentil pensiero sull'argomento)

Che significa tutto questo - voi direte - semplicemente che oggi è fondamentale non solo e non tanto conoscere le norme che riguardano i tentativi di dirimere i conflitti in modo alternativo (chiamiamole competenze tecniche)

Piuttosto è sempre più necessario indossare in certe fasi particolarmente delicate un vero e proprio abito professionale su misura che è tipico del consulente in A.d.R. (da qui ne deriva tutto il mondo delle cosiddette competenze negoziali e strategiche)

Una buona negoziazione si chiude se entrambe le parti al tavolo sono di valore assoluto mentre una buona causa si vince e magari si ottiene una ottima sentenza forse a volte anche grazie al fatto che il nostro avversario non è poi così preparato

Qualcuno può anche esser dell'avviso ed io lo confermo che una buona negoziazione può avvenire se tutte le parti in gioco sono ben "addestrate" anche in assenza del mediatore.

Anche questo concetto conferma a ben vedere la mia tesi ovvero che più che cercare l'eccellenza nel mediatore (non gli organismi ma i mediatori sono quelli su cui puntare…) è bene ed utile puntare sulle tecniche che sono sempre più sviluppate proprio tra i Mediatori che più di altri ci hanno creduto e ci continuano a credere e quindi loro stessi saranno bravi consulenti in Adr quando il loro posto al tavolo non sarà terzo e imparziale ma sarà al fianco di un cliente in una contesa legale o perché no fiscale tributaria che io in fondo in fondo ancora oggi preferisco….

Lunga è la strada che possa portare la mediazione tributaria su livelli almeno pari a quelli della civile…ma ogni passo in avanti va nella direzione auspicata

Pensate ad esempio all'innalzamento della soglia obbligatoria (oggi tutte le controversie con il Fisco al di sotto dei 50 mila euro impongono il passaggio in Mediazione), o all'allargamento della tipologia di atti coinvolti (anche i Comuni per le tasse comunali e perfino le Camere di Commercio per il mancato versamento dei contributi)

E quindi saper negoziare e saper gestire in modo alternativo un conflitto necessita di capacità competenze professionali diverse dall'essere anche e soprattutto un bravo Avvocato o un discreto "Contenziosista" nell'ambito tributario
Quale potrebbe essere dunque una vera novità in tutto quel che sto via via scrivendo. Semplicemente iniziare a pensare fuori dagli schemi partendo dalla consulenza e dalla preparazione in Studio e poi durante gli incontri di mediazione senza mai dimenticarsi della consulenza da offrire nell'ottica di ottenere il miglior accordo possibile che potremmo sintetizzare in pratica nella strategia difensiva che non viene meno ma che andrà orientata e proiettata sotto una diversa luce e con una direzione particolare e per certi aspetti alternativa a quanto sino ad ora molto ben sviluppato ma anche conosciuto da tutti compresi i consulenti di parte avversa.
Pertanto, credo che parlare di consulente in Adr possa essere l'inizio o la naturale continuazione per la diffusione del paradigma culturale legato alla Mediazione
La maggior parte delle persone considera il conflitto come un evento puramente negativo, da evitare assolutamente.
Sono pochi i soggetti che riflettono a fondo riguardo la sua natura: il conflitto è un'esperienza quotidiana nella vita di tutti professionale e non.
Il conflitto pertanto diventa esperienza intesa come possibilità per aprire opportunità inedite poiché riguarda l'incontro tra differenze di valori, interessi e conoscenze.
Dunque, all'interno di una qualsiasi situazione si possono verificare, tra due o più soggetti, delle controversie, ovvero dei contrasti dovuti a divergenze d'opinione o d'interesse che devono però essere affrontate e poi risolte al fine da ristabilire l'equilibrio tra le parti.
Quando due persone si trovano in una situazione di conflitto solitamente faticano a trovare una soluzione in maniera autonoma
Per chiudere e a solo titolo esemplificativo vi vorrei parlare di una delle tante tecniche che si possono via via utilizzare.
La tecnica potrebbe esser denominata "I colori nel business"
Si tratta di una metodologia secondo la quale ogni persona viene rappresentata attraverso un colore dominante.
Nel contesto intra-aziendale si riferisce alle connotazioni caratteriali che possono essere sia positive che negative.
Il colore rosso rappresenta una persona molto esigente e determinata, alla quale piace sentirsi protagonista e centrata sugli obiettivi.
Lo stesso colore, però, può identificare anche un soggetto pressante ed aggressivo nei confronti dei propri colleghi.
Il giallo diventa il simbolo dell'entusiasmo e della convivialità, ma anche spesso di disordine ed eccentricità.
Un altro colore di grande significato è il verde che descrivere un personaggio comprensivo, collaborativo e al quale affidare i propri compiti o lavori; anche se potrebbe mostrarsi poi testardo o permaloso.
L'ultima tipologia di colore considerata in questa particolare tecnica è il blu, utilizzato per descrivere principalmente soggetti precisi e scrupolosi, che si possono tuttavia rivelare rigidi e scettici.
Il mediatore -perché no - applicando questo schema alle persone coinvolte in un conflitto, può essere in grado di individuare le caratteristiche del comportamento e del temperamento delle persone che si trova di fronte e ciò permette di aiutare maggiormente le persone attraverso quelle che sono le loro specifiche esigenze: non a caso si collega la mediazione alla soluzione trovata dalle parti e che meglio si addice rispetto all'elemento in gioco comprese le relazioni tra le parti medesime.

Per concludere quindi il mio invito e la mia personale esortazione nasce dal fatto che si può e si deve ritenere che questo percorso sia arrivato ormai a buon punto e che il passaggio che ancora manca è quello di come identificare al meglio chi possiede determinati requisiti e competenze: l'idea può dunque esser quella di permettere a chi ci crede di essere veramente un consulente in Adr senza per questo non ricorrere al giudice o all'arbitro quando lo si ritiene necessario o sostanzialmente proficuo.

La mediazione familiare e la famiglia adottiva

di Alessandra Breseghello

(Mediatore civile e commerciale e responsabile di sede presso ADR Center, mediatore familiare iscritto ad A.I.Me.F.)

"*Non esiste un modo di essere e di vivere che sia il migliore di tutti […]. La famiglia di oggi non è né più né meno perfetta di quella di una volta: è diversa, perché le circostanze sono diverse*". E. DURKHEIM

NUOVI SCENARI ADOTTIVI

Negli ultimi decenni si è assistito all'evoluzione dei concetti che sono alla base del processo adottivo e questa evoluzione ha portato a modelli adottivi diversi da quelli visti in tempi più remoti.

Se in passato, a esempio, l'adozione poggiava sul segreto rispetto al vissuto dell'adottato e sull'interruzione definitiva della sua storia precedente, con l'inizio di una nuova vita nella famiglia adottante, ora, al contrario, si cerca di dare voce a tale vissuto, garantendo la continuità della storia (fondamentale soprattutto per quanto riguarda la rielaborazione di se' e dei propri valori durante la fase adolescenziale).

L'orientamento attuale è, quindi, quello di preservare il diritto all'identità dell'adottato, dando anche riconoscimento alla triade adottiva: bambino, genitori biologici e genitori adottivi (Sorosky, Baran, Pannor, 1978)[25].

Al riconoscimento di tali diritti fondamentali si aggiunge anche la convinzione, sempre più diffusa, che ogni bambino sia adottabile e che qualsiasi contesto sia meglio dell'abbandono, di istituti e case famiglia, convinzione che ha dato vita a una prassi adottiva di bambini con bisogni speciali o di età maggiore (spesso, quindi, con vissuti traumatizzanti di più lunga durata), bambini portatori di handicap fisico o psichico, gruppi di fratelli.

In Italia, inoltre, i sempre maggiori interventi sociali tendenti a garantire assistenza alle famiglie in crisi e attenzioni alle esigenze dei minori, hanno determinato un incremento delle adozioni internazionali, che presentano le stesse problematiche delle adozioni nazionali ma che sono oltremodo complicate dal fatto che l'adottato debba fare anche i conti con caratteristiche somatiche, abitudini di vita, lingua, costumi, cibi ecc. diversi da quelli della famiglia adottiva. La coppia si trova così a dover riformulare quello che è il concetto di famiglia conosciuto fino a ora, ed essere pronta ad integrare le

[25] Francesco Vadilonga (a cura di), *Curare l'adozione, Modelli di sostegno e presa in carico della crisi adottiva*, pag. XVII

proprie abitudini con quelle dell'adottato e viceversa, per cercare di riconoscersi in una famiglia diversa (pur se arricchita da quanto porta l'adottato dal suo paese di origine).

Alle ansie, difficoltà e fatiche derivanti da quanto fin qui illustrato si aggiungono, poi, le crisi delle fasi evolutive dei ragazzi, il cui culmine si raggiunge nell'età adolescenziale, crisi che sono amplificate dal fattore adottivo.

I genitori adottivi, che di fatto si sentono sempre sotto osservazione da parte delle istituzioni e dall'ambiente sociale in cui vivono, affrontano infatti ogni fase della crescita del figlio con maggiore difficoltà e ansia rispetto ai genitori biologici.

Già provati dal lungo percorso per arrivare all'idoneità adottiva, dall'attesa dell'individuazione di quello che sarà loro figlio, dalle aspettative delle loro famiglie d'origine e del contesto sociale in cui vivono, si trovano spesso ad affrontare realtà a cui difficilmente si può essere preparati, nonostante il supporto psicologico avuto durante tutto il percorso pre adottivo e spesso post adottivo.

Tante, troppe novità, difficoltà di ogni genere, travolgono i genitori adottivi, che seppur motivati dall'amore e dalla dedizione, spesso crollano sotto il peso della fatica, dello stress e dell'ansia.

Si mettono in discussione come genitori, e questa loro crisi, nei casi più gravi, li porta alla restituzione del figlio, al rifiuto, all'espulsione dalla famiglia (c.d. fallimenti adottivi), ma anche come coppia, mettendo in crisi il loro stesso rapporto matrimoniale, fino alla separazione personale e al divorzio.

E possiamo solo immaginare quanti danni possano generare nei figli adottivi questi "nuovi abbandoni".

LA CRISI DELLA COPPIA ADOTTIVA E LA MEDIAZIONE FAMILIARE

Quanto sopra accennato, ci porta a comprendere come in alcune realtà adottive le situazioni di disagio, fatica, stress e sofferenza, sia tra genitori che tra i figli, possano portare la coppia alla crisi coniugale.

Percentualmente l'incidenza delle separazioni pare più elevata nelle coppie con figli naturali che in quelle con figli adottivi, ma questo dato potrebbe essere falsato dalla difficoltà della coppia ad affrontare il percorso separativo, in quanto dopo aver cercato per tanti anni di dimostrare, alla famiglia allargata, ai giudici, agli psicologi e assistenti sociali, di essere una coppia stabile, affidabile e "degna" di adottare un bambino, stentano a chiedere aiuto al di fuori del contesto familiare.

La mediazione familiare, data la riservatezza che la caratterizza, è forse l'istituto a cui riescono ad accedere con minore difficoltà.

La coppia adottiva porta quindi in mediazione la propria storia di separazione che solo apparentemente può sembrare simile alle storie di separazione delle coppie con figli naturali.

Il mediatore familiare deve essere consapevole di avere di fronte una coppia con una sua specificità e deve essere quindi preparato, conoscendo il percorso di sofferenza e difficoltà che le coppie che decidono di adottare devono attraversare, sapendo come si svolge l'iter dell'adozione nonché essendo

conscio dei possibili contesti in cui si sono trovati i bambini destinati all'adozione, i loro difficili vissuti di abbandono, di istituzionalizzazione, di violenze e, spesso, anche di abusi.
Nelle coppie adottive, che decidono di attraversare questo particolare periodo della loro vita in mediazione familiare, è forte il desiderio di trovarsi di fronte a un mediatore che sia preparato, che conosca il loro vissuto di sofferenza e che, per poter reperire dati sulla loro storia, non si soffermi a lungo nel passato (che per loro è ricordo di un percorso sofferto) e che sappia quindi accoglierli, valorizzando la loro specificità.

GLI STRUMENTI DEL MEDIATORE FAMILIARE

Oltre alle normali tecniche di comunicazione, e qualunque sia il tipo di approccio adottato, il mediatore familiare, che voglia accogliere queste tipologie di coppie in crisi, deve essere consapevole della necessità di munirsi degli strumenti giusti.
Molto importante sono la preparazione e la conoscenza.
Infatti solo la conoscenza, il più possibile approfondita, di quello che è il vissuto delle coppie adottive che si presentano in mediazione può permettere al mediatore di superare gli stereotipi, che generano omogeneità e che danno sicurezza ma che limitano la capacità di accogliere nuove informazioni e realtà, e i pregiudizi, che nascono da valutazioni preconcette della realtà apprese fin dall'infanzia e rafforzate dalla cultura appresa nel tempo e dall'ambito sociale nel quale si è vissuto.
Dato che ognuno di noi può avere, anche inconsapevolmente, dei pregiudizi e più o meno profondi, una volta acquisita la conoscenza necessaria, è molto importante che si interroghi e lavori su se stesso, confrontandosi anche con colleghi in supervisione.
Ritengo quindi che Il mediatore debba fare chiarezza in se stesso per poter essere anche dotato di congruenza: egli infatti fa da specchio alle emozioni delle parti in mediazione, e come tale è opportuno che sia trasparente e credibile.
Con la conoscenza e il lavoro su se stessi, che passa dal perdonarsi in prima persona e nell'accettare di avere dei limiti al perdonare e accettare la diversità altrui, il mediatore raggiungerà quel livello di rispetto incondizionato delle persone in quanto tali, con tutte le loro specificità, rispetto che è presupposto necessario per accogliere, ascoltare e accompagnare le persone che sentono la loro "diversità".
La conoscenza permette, poi, quell'apertura mentale che porta il mediatore di avere maggiore empatia per entrare subito in sintonia con lo stato di sofferenza, inadeguatezza e paura.
Il mediatore dovrà infine utilizzare una comunicazione che sia il più possibile rispettosa, inclusiva e appropriata.

Avvocati in mediazione: un modo per guadagnare meglio e di piu'.

di Luigi Paganelli

(Avvocato del Foro di Monza)

Un buon avvocato cerca il percorso migliore per soddisfare l'interesse del suo cliente.

Un pessimo avvocato cerca il percorso migliore per spremere quanto più possibile dal caso affidatogli.

Un ottimo avvocato cerca di ottenere il massimo esito per il suo cliente e di garantirsi il miglior compenso per la sua azione.

Cosa c'entra tutto ciò con la mediazione?

Direi che le tre ovvietà con cui ho esordito sono la vera chiave di interpretazione dell'attuale rapporto tra gli avvocati e la mediazione.

Chi si occupa di mediazione da quando "ADR" stava solo per "a domanda risponde", ha vissuto l'introduzione della mediazione quale mezzo forzoso di deflazione del contenzioso come una specie di bestemmia.

Gli avvocati civilisti, a stragrande maggioranza, l'hanno invece vissuta come l'ennesimo espediente per ridurre gli spazi di lavoro e reddito.

A differenza degli altri raffinati articoli che troverete in questo numero di ADRItalia, questo breve brano non sarà tecnico: niente numeri o statistiche, solo spunti di riflessione.

Rispetto alla mediazione, l'avvocato che assiste una parte si trova in tre condizioni "progressive": ostaggio, utente e coprotagonista.

"Ostaggio" perché ciò che accomuna il buon avvocato al pessimo ed all'ottimo avvocato rispetto alla mediazione obbligatoria è il fatto che ciascuno dei tre, se abile, elabora la sua strategia.

Nell'istintiva reazione della più parte degli avvocati, quando ci si rende conto di dover affrontare una mediazione obbligatoria, essa viene vissuta come momento insondabile, che potrebbe viziare quella strategia e affaticherà il cliente e diminuirà inutilmente le sue risorse economiche in vista del contenzioso.

A quel punto subentra la condizione dell'avvocato "utente", poiché sarà lui a scegliere quale organismo interpellare per svolgere la mediazione.

Questo è il punto in cui la strada del "pessimo" avvocato si biforca da quella del "buono" e dell'"ottimo".

Il primo sceglierà un "verbalificio", cioè un organismo di mediazione dove i mediatori pensino soprattutto a concludere più casi possibile, senza perdere tempo ad affrontarne il merito e senza davvero mediare.

Gli altri due cercheranno un organismo che, a svolgere una mediazione reale, ci provi davvero, con due atteggiamenti diversi, però, che chiamano in causa il ruolo dell'avvocato "coprotagonista".

Da utente, il "buon avvocato" sceglie un organismo di mediazione dove sa di trovare mediatori, che svolgono il loro lavoro seriamente nello spirito di chi sa di essere una "parte dell'ingranaggio": professionisti che, se si troveranno di fronte ad un eccesso di resistenza delle parti, molleranno la presa perché anche il loro tempo ha un valore ed è inutile perderlo con gente che non ha nessuna intenzione di "mediare".

L'ottimo avvocato, sostengo, valuterà la situazione sotto il duplice profilo del massimo profitto per il cliente e del miglior compenso per lui: dovrà cercare di sfruttare la mediazione come momento di vera ricerca di un accordo che valga per il suo cliente quanto e forse più di una sentenza vittoriosa, cercando al contempo di accordarsi con lui per un compenso "speciale" per il raggiungimento di quell'accordo.

In tal senso, l'avvocato capirà che gli conviene essere, per l'appunto, "coprotagonista" della mediazione e che, per arrivare al successo, gli occorre un organismo di mediazione che operi con più sagacia cercando i percorsi più efficienti per trovare un accordo.

Ciò non significa abbandonare l'opzione "bellica" della causa, ma svolgerne prima e fino in fondo una davvero "diplomatica" con l'ausilio di un agevolatore, terzo, che sia anche garante verso le parti, dirette interessate, dell'equità e corretta articolazione dell'accordo finale, se raggiungibile.

Tutto ciò, evidentemente, riguarda il caso in cui gli avvocati non abbiano già tentato una opzione "diplomatica" tra loro, fallendola per le più disparate ragioni.

La chiave di volta del ragionamento che ho sin qui svolto, quindi, diventa la comprensione, da parte dell'avvocato, che l'utile del cliente può in realtà essere raggiunto anzitutto con un buon accordo e che l'unico giudice della "bontà" di un accordo è il cliente stesso, al quale vanno offerti tutti gli strumenti di valutazione e decisione per scegliere.

Occorre agevolare tale "comprensione": per agevolarla, occorre che l'avvocato non soffra "conflitti di interesse" rispetto alla persecuzione di una causa.

In questi anni mi sono accorto che molti clienti gradiscono evitare il giudizio e risolvere la questione in via negoziale, sia pure un po' coatta e magari tenendo qualche onere a loro carico anche quando pensano di aver ragione.

Per assecondare questa loro predisposizione, ho rilevato come si riesca a lavorare molto meglio, da avvocati di parte in mediazione, se si preveda un consistente "palmario" per il caso di raggiungimento dell'accordo conciliativo pregiudiziale.

Occorre ricordare, a questo punto, che ancorché inserita teoricamente in un percorso di avvicinamento al giudizio, la mediazione vive di luce propria ed è volta anzi ad escluderlo, quel giudizio.

La natura della mediazione, da questo punto di vista, è tipicamente negoziale e il suo fine è contrattuale.

Anzi, secondo gli insegnamenti tradizionali, lo scopo esula dalla transazione: l'accordo di mediazione dovrebbe avere in via preminente spirito "costruttivo" e non "estintivo", quando possibile.

Dove voglio arrivare?

Voglio arrivare ad affermare che, di regola, il "palmario" destinato all'avvocato per il raggiungimento di un accordo di mediazione potrebbe non tener conto del divieto di "patto di quota lite" di cui all'art. 13 comma VI della nostra Legge Professionale.

Ciò per due ragioni:

- anzitutto perché la norma vieta di formare il compenso mediante assegnazione all'avvocato di una quota dell'oggetto della "prestazione o della ragione litigiosa", ma in sede di mediazione, per definizione e per scelta stessa del Legislatore, non dovrebbe esserci ancora una "lite",

- e poi perché il comma III dello stesso art. 13 prevede che il compenso possa essere fissato in "percentuale sul valore dell'affare".

In questo secondo elemento testuale sta la suggestione più interessante: la mediazione può e forse deve essere trattata come un "affare": non sarà "estetico" ma sicuramente è "etico" e, perseguendo un obbiettivo negoziale, si può raggiungere, partendo da un contrasto, un risultato per una volta positivo per tutti.

In tal senso non convince l'introduzione, ad opera del recente D.M. 8.3.2018 n.37, dei parametri di compenso per l'assistenza legale in mediazione, fin qui assenti nel D.M. 55/2014.

Non convince perché, vistane l'entità indicata dal Ministero di Giustizia, se la mediazione viene tentata seriamente ma non va a buon fine, sommare tali compensi alle altre componenti delle competenze dell'avvocato di parte comporta un onere complessivo a carico del cliente davvero esoso, per tacere della potenziale iniquità di una condanna alle spese "totale" per la parte soccombente all'esito di un giudizio condotto magari per un valore della causa tra i 10.000 e i 100.000 euro.

Non convince, poi, perché se invece la mediazione riesce, quei compensi sono perfino mortificanti rispetto al totale che sarebbe stato dovuto in caso di prosecuzione del giudizio: non incentivano l'avvocato a svolgere la mediazione profondendo il massimo sforzo per raggiungere un accordo.

Certo, può osservarsi, se però si raggiunge un accordo, al compenso per l'assistenza in mediazione andrebbe sommato quello per la conciliazione, ossia quello relativo alla fase conclusiva in causa maggiorato del 25%, ma ciò finisce per risultare di nuovo eccessivo nei confronti del cliente per le cause di minor valore ed invece mortificante per l'avvocato nelle cause di valore significativo.

Si torna così alla opportunità che, proprio nei casi di mediazione, come del resto in quelli di negoziazione assistita, gli avvocati sfruttino sapientemente insieme ai loro clienti le dinamiche del "success fee".

Mi domando, a questo punto, se la dinamica processuale scelta dal Legislatore per spingere la mediazione obbligatoria sia la più produttiva anche per gli stessi fini che il legislatore si è proposto.

Mi chiedo, allora, se l'obbligo di percorrere la mediazione prima della causa non possa essere ottimizzato per tutti, rendendolo parte integrante del giudizio e cioè disponendo che esso avvenga dopo che le parti abbiano introdotto la citazione, la comparsa di costituzione del convenuto e le eventuali chiamate dei terzi, con le loro conseguenti costituzioni.

Ho rilevato come, a parte le eccezioni formali o di rito, che potrebbero essere disaminate all'esito della mediazione, il fatto di conoscere direttamente e compiutamente gli aspetti di merito, che le parti hanno da offrirsi almeno in prima battuta può essere davvero uno strumento importante per entrare nelle questioni di "lite" più profondamente ed evitare le manovre elusive di molti contendenti.

In fin dei conti, quando introduciamo una mediazione, tutto il lavoro preparatorio di un atto di citazione dovremmo averlo svolto ed è giusto che sia correttamente retribuito dal cliente ed utilizzato anche dal mediatore.

Tutto ciò cammina evidentemente sulle "gambe degli uomini". Quanto sopra impone una sempre più importante quota di preparazione dei mediatori e un'adeguata conoscenza, da parte loro, delle logiche del mestiere degli avvocati, la stessa che dovrebbero poi avere i Giudici in generale e non solo la quota più avveduta di loro.

Formazione comunicazione
Il meraviglioso (ed incompreso) mondo della comunicazione: parte 1

di Donatella Agrizzi

(Avvocato, Counselour, Mental Coach Professionista e Formatore)

Nella mia esperienza sul campo quale avvocato e quale formatore nella mediazione, ho riscontrato un atteggiamento comune non solo a molti avvocati e giudici, ma anche a molti mediatori: una diffusa diffidenza e critica dei metodi di comunicazione e dei suoi benefici nei rapporti in generale e nella mediazione in particolare.

Dal momento che ho avuto prove e riprove dei successi che genera l'utilizzo della comunicazione, mi sono chiesto quale potesse essere il motivo che portava tante persone intelligenti e competenti a rifiutare l'uso di uno strumento così importante.

E la risposta è stata per me illuminante.

I motivi principali del rifiuto ad approcciarsi in modo sistematico alla comunicazione potevano essere riscontrati semplicemente nella SCORRETTA APPLICAZIONE DELLE TECNICHE COMUNICATIVE.

La questione diventa semplice: se non applichi le tecniche non diventerai mai bravo ad usarle e quindi non avrai mai i risultati che l'applicazione corretta produce.

Come per ogni altra risorsa, per poterla utilizzare bene, devi prima padroneggiarla.

Questa constatazione mi ha portato ad analizzare quali fossero gli ostacoli che impedivano a molti, troppi professionisti, di diventare davvero bravi nella comunicazione.

La causa è duplice:

1) CAUSE OSTATIVE ALL'APPROCCIO CON LA COMUNICAZIONE

Le cause che impediscono l'avvicinamento al mondo della comunicazione sono fondamentalmente due:

A) Il preconcetto relativo alle nuove tecniche ed il loro impatto sulla mediazione e negoziazione, derivante dall'ambiente formativo e lavorativo ancora molto conservatore.

Auspico che il crescente numero di esperti in comunicazione, porterà l'ambiente ad accettare il dato oggettivo, che coloro che lavorano per la "legge", hanno bisogno non solo di competenze tecniche giuridiche, ma anche di capacità comunicative specifiche e che quindi questa prima barriera, sarà presto risolta.

B) La confusione del reale significato e di ciò che comporta "fare comunicazione". Qualcuno dice: "Non ho bisogno di un corso per sorridere, dire due paroline gentili e mettere a suo agio una persona". Beh questo non è comunicazione! Comunicare vuol dire comprendere il mondo conscio ed inconscio del nostro interlocutore, la sua mappa del mondo, come interagisce, quali settaggi mentali ha creato, come elabora le nozioni e gli input del mondo esterno, i suoi valori di base, gli strumenti che utilizza per soddisfare i suoi bisogni umani, le emozioni principali che vive ed il motivo per cui le vive. Comprensione a cui segue interazione e capacità di influenzare il mondo dell'altra persona. Queste parole tecniche, conosciute da molti che leggono questo articolo, sottintendono specifiche competenze, alcune di facile acquisizione, altre che richiedono più tempo per essere acquisite ed affinate.

Anche in questo caso la soluzione al problema confido sarà data dal sempre maggior numero di esperti nel diritto, che utilizzano quotidianamente queste tecniche, come parte del proprio bagaglio di conoscenza.

2) PROBLEMI DURANTE L'APPRENDIMENTO DELLE TECNICHE DI COMUNICAZIONE

Il fatto che le tecniche di comunicazioni siano soprattutto esperienziali, portano una serie di problematiche per chi si affaccia al mondo della comunicazione e vuole diventare davvero bravo.
A) La prima è il fatto che queste tecniche devono essere apprese grazie a diretta sperimentazione e simulazione. Per questo è importante fare dei corsi che abbiano otre la parte teorica e di esempio, anche una buona componente di esercizio e di simulazione pratica. Fare è il segreto per imparare.
B) Una volta imparate, queste tecniche vanno allenate, per un periodo che va da un mese a tre mesi, per poter essere assimilate in modo ottimale.
Per evitare di fare figuracce in pubblico, o a seguito di tali figuracce, accade infatti, in moltissimi casi che pur avendo imparato in modo ottimale tali tecniche, queste non vengono messe in pratica. Per evitare questo problema consiglio sempre di fare i vostri corsi con un alleato: un amico, un collega, un familiare, qualcuno con cui possiate esercitarvi anche dopo il corso, in modo sicuro, senza paura di sfigurare.
E dato che entrambi conoscete le tecniche perché non divertirvi mentre vi esercitate, ricreando situazioni tipiche, lavorative, sociali o personali, che potrebbero presentarsi e come ciascuno di voi le affronterebbe?
Qualcuno è molto bene disposto a coinvolgere parenti, soci ed amici; ricordo il caso di un professionista, che ha coinvolto i suoi tre figli, che bello vederli lavorare insieme! Per qualcuno questo risulta più difficile (e se lo è, mi permetto di suggerire di considerare che forse c'è davvero bisogno di un corso di comunicazione). In questi casi e comunque per chi vuole accelerare l'apprendimento e fare esercizio specifico con un esperto di supporto, consiglio di frequentare dei laboratori pratici, che si concretizzano in risoluzione concreta di casi specifici che si devono affrontare e che sono già stati affrontati nella pratica.
Se sei già un esperto in comunicazione, potrai concordare sulla veridicità della frase spesso pronunciata da quello che ritengo sia il più grandi formatori di successi al mondo, Anthony Robbins (con cui collaboro dal 2008), e cioè "repetition is the mother of all skills" l'allenamento è la madre di tutte le competenze".
SE sei bravo, vuol dire che sei sempre curioso, che continui a metterti in discussione e continui a fare pratica.
Se vuoi approfondire la materia ed hai già le basi della comunicazione nella mediazione, potrà farTi comodo conoscere qualche distinzione su come, dove e quando applicare alcune specifiche tecniche di comunicazione, per diventare sempre più bravo nell'applicazione pratica.
Confido quindi che i miei approfondimenti sulla comunicazione siano benvenuti.

Formazione mediazione
Comunicazione vs autorevolezza?

di Donatella Agrizzi

(Avvocato, Counselour, Mental Coach Professionista e Formatore)

Durante i corsi di comunicazione e mediazione, mi viene spesso fatta la domanda come faccio a non farmi prendere sottogamba dalle parti, dal momento che metto le persone a loro agio e creo un ambiente accogliente.
Le prime volte che mi veniva fatta la domanda, ero sorpresa, perché difficilmente mi è successo di essere presa sottogamba, poi ho scoperto che per alcune persone, questo può invece rappresentare un problema.
Ho notato infatti che:
1) Chi è bravo a creare colleganza, chi è propenso per natura e riesce ad entrare in sintonia con gli altri, spesso viene sottovalutato mentre
2) Chi ha autorevolezza e sa farsi rispettare, ha spesso problemi a capire ed a farsi capire dagli altri.
È questo un binomio insormontabile?
Dobbiamo davvero scegliere tra autorevolezza e comunicazione?
Non confondiamo la naturale tendenza a venire incontro agli altri od a comandare, con la capacità tecnica acquisita con un corso di comunicazione basato sulla scienza neuro associativa.
La capacità di comunicare come tecnica, include anche quella di decidere di non comunicare e di creare distanza e separazione, sempre come tecnica specifica.
Ritengo che entrambi siano importanti in un ruolo in cui ci si deve rapportare con altre persone ed è quindi fondamentale conoscere come attuare entrambe.
Partiamo quindi da un fatto storico importante:
Al giorno d'oggi l'autorevolezza non è più un dato scontato del ruolo che rivestiamo: Se vogliamo essere stimati e considerati, dobbiamo guadagnarcelo sul campo, guadagnando la fiducia ed il rispetto della parte.
È qui che entra in gioco il rapporto con la comunicazione.
Infatti per poter acquisire la fiducia del cliente/ della parte, dobbiamo essere al suo livello e capirla, ma per poter dirigerla, abbiamo bisogno della Sua stima.
Le scienze neuro associative ci permettono di fare contemporaneamente, o in sequenza, entrambe le cose.
Qui entrano in gioco postura, prossemica, paraverbale e non verbale, così come le parole usate, che sono di vitale importanza.
Per capire meglio il concetto entriamo nel vivo:
Molto spesso, troppo spesso, per dimostrare la sua capacità tecnica, l'avvocato od il mediatore, usano col cliente/parte un linguaggio tecnico completamente sconosciuto alla persona a cui è rivolto.
Questo invece che creare riverenza come un tempo, ottiene l'effetto opposto: la parte/cliente non si fida di voi e giustamente, dato che non capisce cosa dite! Infatti la comprensione è alla base della fiducia.
Per questo motivo consiglio sempre di usare un linguaggio semplice, che possa essere compreso da tutti. E se proprio dobbiamo usare un termine tecnico, è importante poi spiegare il significato che questo termine ha per l'uomo della strada, per renderlo comprensibile a chiunque.
Questo ovviamente se state interagendo con persone non tecniche.

Aiutatevi con uno schema, chiedete se siete stati chiari e ripetete il concetto, se necessario. E' importante che le parti vi capisco appieno, quindi siate semplici nel parlare ed ottenete la Vostra autorevolezza in un altro modo.
Come?
Ci sono molti modi e dipende dalla Vostra personale inclinazione. Non essendo questo un corso vero e proprio, con un monitoraggio reale, ma solo uno strumento per risvegliare la vostra curiosità e darvi input utili, vi farò un paio di esempi semplici ed efficaci.
Ricordate però che il mondo della comunicazione è un mondo complesso, fatto di molte interazioni, verbali, paraverbali e non verbali e che questi tre linguaggi devono essere congruenti, altrimenti verrete percepiti come fasulli ed impostati.
Per questo durante i corsi, facciamo sempre molte simulazioni ed esercizi pratici, nonché laboratori pratici, che aiutano a capire come dare un messaggio univoco e coerente. Quindi, nel caso siate interessate ad approfondire l'argomento, vi consiglio un corso con una buona dose di simulazioni ed esercizi pratici.

COME CREARE AUTOREVOLEZZA:
Un modo semplice per creare autorevolezza (così come accoglienza), senza incorrere normalmente in un problema di incoerenza è usare la PROSSEMICA.
Qui tratteremo della prossemica verticale, che è uno strumento molto usato da insegnanti, politici ed oratori in genere.
Qui alcuni esempi:
A) Quando vi accomodate con le parti attorno al tavolo, fatele sedere e rimanete in piedi. Questo è un modo semplice ed inconscio di far capire che siete voi che dirigete la conversazione. Potete rimanere in piedi uno o due secondi, o di più, se una o più parti, sembra avere problemi nel riconoscere il vostro ruolo.
Se la situazione è marcata, potete anche decidere di fare il discorso introduttivo in piedi. In questo caso è però meglio mitigare la cosa con un paraverbale un po' morbido. Altrimenti dopo aver lasciato passare qualche secondo, accomodatevi anche voi ed iniziate l'introduzione.
B) Durante il discorso alzatevi in piedi ed andate dietro alla persona in questione, piegandovi sopra/lateralmente per mostrare qualcosa o spiegare un dettaglio, fare un grafico, un disegno. Poi tornate al vostro posto.
C) Se il vostro tavolo è rettangolare, ovviamente Voi siete seduti a capo tavola. Potete anche pensare di avere una sedia diversa dalle altre (con braccioli, più alta...)
Se il tavolo invece è rotondo, il punto A) diventa più importante e forse volete davvero avere una postazione caratterizzata da qualche elemento che distingua il vostro posto da quello delle parti.
Qualcuno sceglie di aspettare le parti al Suo posto e di farle accomodare, dopo essersi alzato in piedi, oppure con un cenno rimanendo seduti.
Questa è una scelta personale, che indubbiamente dà un chiaro segno di autorevolezza ed infatti è lo stile che veniva usato in passato.
Ricordate però che così facendo vi perdete tutti gli elementi che potreste aver acquisito dall'osservazione delle parti nella parte precedente al colloquio, scelta che potete attuare, se già conoscete bene le parti e volete dare un chiarissimo segno di distanza.
Eccetto questo caso, consiglio di attuare la strategia già descritta per il primo incontro con le parti.

Formazione comunicazione
Comunicazione: come e quando

di Donatella Agrizzi

(Avvocato, Counselour, Mental Coach Professionista e Formatore)

Abbiamo discusso sul perché il mondo della comunicazione sia ancora così incompreso (vedi parte 1), nonostante ormai la sua efficacia sia comprovata.

Ho anche dedotto che, come la maggior parte delle strategie molto innovative, dopo una prima decisa opposizione, a cui è seguita una tiepida indifferenza, ha poi avuto un caloroso assenso da parte della maggioranza.

Per fortuna la Comunicazione sta superando la prima fase ed i coraggiosi professionisti, che si stanno impegnando per continuare a migliorarsi e migliorare le relazioni lavorative, sociali e personali, devono solo destreggiarsi e capire quali tecniche usare, come e quando farlo.

La prima regola a mio parere, ma ovviamente la cosa è molto personale, è di applicare una tecnica sul lavoro ed in ogni contesto delicato, solo quando la si padroneggia completamente e ci si sente rilassati e confidenti nell'usarla.

Diventa quindi essenziale avere le idee molto chiare su cosa si vuole applicare, per allenarla in un contesto "sicuro" per un tempo sufficiente a farla nostra.

Mio consiglio è mettere in pratica una od al massimo due tecniche (meglio se si possono abbinare) alla volta. Una volta diventati veramente bravi, si potrà passare alla successiva e così via. Una volta apprese bene minimo tre - cinque tecniche, si potrà divertirsi ad usarle contemporaneamente, in alternanza, abbinate tra di loro ecc. Considerate che se frequentate qualche giorno di corso, abbinato ad un mese di pratica, potrebbe bastare a farvi entrare nella categoria dei bravi, che ci sanno fare.

Ma… e si c'è un ma □

Prima di applicare qualsiasi strategia, dovete capire chi avete davanti a voi, dato che l'efficacia della tecnica scelta, dipende dalla personalità e dalla modalità di percezione ed elaborazione delle nozioni acquisite dall'esterno della persona con cui volete interagire.

La prima cosa da fare, dopo aver allenato le vostre strategie principali, è quindi quella di allenare la vostra capacità di osservazione.

Mi sono sentita ripetere spesso l'osservazione: "Ma non abbiamo mica mesi. In una mediazione le persone le incontriamo poche volte, o addirittura una volta sola". "Certo" ribadisco io "quando parlo di osservare intendo osservare ed ascoltare attentamente a 365° gradi, ma non necessariamente per molto tempo!". Certo anche questo è un qualcosa che va allenato, in modo da cogliere subito, gli elementi che ci sono utili.

E la Vostra osservazione delle parti, inizia prima di incontrarle.

Vediamo, quindi, subito in concreto cosa fare:

1) PRIMA DI INCONTRARE LE PARTI:

Prima di incontrare le parti, possiamo conoscere il mondo del Suo difensore.

Sapete meglio di me che, in molti casi il difensore influenza la parte, in modo massiccio: quindi comunicare al meglio col difensore è fondamentale.

A) Dallo scritto vi potrete innanzitutto fare un'idea generale sulla personalità dello scrivente: Qual è l'impressione globale che avete? Cosa percepite dal suo modo di scrivere? È una persona molto logica? Tende a prevaricare? Tiene in considerazione il punto di vista dell'altro o almeno ne parla?

B) Una volta avuta l'impressione globale prestate attenzione ad elementi più tecnici come l'uso della punteggiatura, le parole che usa, gli aggettivi e e gli avverbi e fatevi le seguenti domande:
Sul lavoro è prevalentemente visivo, uditivo o cinestesico? Quali parole o frasi ripete più spesso e quando? Queste sono domande di base che vi permettono di stabilire una strategia semplice in anticipo.
Potete decidere ad esempio decidere quali parole usare e quando usarle, il volume, il tono e l'uso delle pause, soprattutto quando vi rivolgete direttamente a quella persona.
Vi sarà utile anche per cercare gli elementi verbali, paraverbali e non verbali durante il primo incontro personale.
C) Possiede fantasia o meno? Utilizza metafore o no? Fa uso di storie esplicative o meno? Queste domande vi permetteranno di scoprire la sua competenza delle tecniche di comunicazione. Se le usa anche nello scritto, allora sa cosa sta facendo. Questo nella maggior parte dei casi rappresenta un grande vantaggio, perché parlate la stessa lingua e dimostra un interesse a conoscere il mondo dell'altra parte. Normalmente saranno benvenute domande quali: Qual è l'aspetto per voi più importante? Cosa risulta essere meno importante o secondario? Cosa potete lasciar andare e transigere? Domande che avrà già posto al cliente, che sarà pronto a rispondere.
In caso negativo, invece, non è detto che la parte ed il suo avvocato, abbiamo mai discusso e chiarito questi punti, che andranno sondati con accuratezza durante l'incontro.
D) Qual è il suo primo bisogno umano? È orientato ad evitare dolore o provare piacere? Rimane nel generico od approfondisce? Qui entriamo in competenze più tecniche. La conoscenza dei bisogni umani, dei sette passi della persuasione, dei meta programmi e del meta modello, vi permette di avere una leva importante psicologica, per aiutare la persona a prendere una decisione. Una volta a conoscenza delle sue preferenze e bisogni, sapete quale veste dare alle proposte e sotto quale prospettiva ed angolazione presentare la cosa a ciascuna delle parti.
Avere queste informazioni in anticipo, Vi permette di creare una strategia, che sarà confermata ed ampliata dall'esame obiettivo della parte, che avviene al primo incontro.

2) PRIMO INCONTRO CON LE PARTI:

Se avete fatto i compiti per casa prima di incontrare le parti, avete già improntato una comunicazione su misura ed ora dovete solo avere una conferma dei dati già raccolti.
La prima obiezione che mi viene fatta dai corsisti a questo punto è: "Durante il colloquio sono concentrato su quello che devo dire e non sull'osservare come la parte si comporta". Con l'esperienza questo verrà superato e sarà sempre più facile. Ricorda comunque che, prima di parlare, ci sono molte occasioni per raccogliere informazioni:
A) Quando le parti entrano nell'edificio, in sala d'aspetto, nella sala per l'incontro.
Prima di incontrare le parti ufficialmente, ci sono diversi momenti in cui osservarle. Non tutto hanno la fortuna di avere un lungo vialetto dal cancello alla porta a vetri dell'entrata o un lungo corridoio, che Vi permette di osservare la loro postura, camminata, modo di gesticolare (o di non gesticolare) ed il loro modo di parlare.
B) Prendete un attimo per osservare anche come si muovono nello spazio e confermate l'idea precedente che vi siete fatti. Notate anche la distanza tra le parti e tra la parte ed il suo avvocato, sia quando camminano, sia quando si siedono. Potete capite senza ombra di dubbio non solo le caratteristiche dell'avvocato e del cliente, ma anche le dinamiche delle parti e degli avvocati. Molte persone sottovalutano l'importanza della prossemica, mentre la stessa Vi può fornire elementi importantissimi per la discussione.
C) Sala d'attesa. Se non avete avuto l'opportunità fino adesso di osservare il comportamento delle parti e le loro dinamiche, qui avete una bella occasione per raccogliere informazioni.

Per questo motivo consiglio sempre di recarsi personalmente in sala d'attesa ed accompagnare le parti nella sala riunioni.
Qui potete davvero capire molto sull'atteggiamento delle parti ed anche sul modo in cui processano le informazioni.
Ripetetevi ancora le domande fatte sopra, soprattutto quelle sulla modalità visiva, uditiva e cinestesica, che qui apparirà chiara e vi permetterà di scegliere le parole adatte ed anche il modo adatto di parlare.
D) In sala riunioni. Tralasciamo qui come far accomodare le parti, che sarà oggetto di una specifica trattazione quando parleremo di autorità ed autorevolezza e passiamo direttamente alla prima parte dell'incontro.
Le parti sono sedute. Notate come sono sedute. Se non lo avete già fatto entrando nella stanza, chiedete a ciascuno di presentarsi e cogliete l'occasione per prendere nota degli aspetti verbali e paraverbali che potrebbero esservi utili. Questo prima di prendere la parola ed introdurre la mediazione.
Consiglio questo sia rilassare la tensione, per continuare ad acquisire autorevolezza vedere articolo dedicato) e per acquisire più elementi possibili prima di iniziare a parlare.
Infatti fino a questo momento non ci sono stati contenuti specifici che richiedono la Vostra attenzione e quindi potete concentrarvi sugli aspetti delle persone in modo esclusivo.
Questo è il momento di decidere se c'è una persona in particolare che va fatta rilassare o che volete rendere alleata, per trovare un accordo.
E) Introduzione della mediazione. Avete deciso chi è la persona su cui focalizzarvi maggiormente. È a questa persona in particolare che indirizzerete il "mirroring" ed il "matching". Quale, sarà parte della decisione da prendere a seconda che la persona sia soprattutto visiva, uditiva, o cinestesica.
Se siete davvero bravi potete pensare di creare sintonia con due o più persone, con una mediante un rispecchiamento visivo e con un'altra con un rispecchiamento dell'aspetto paraverbale principale.
Se siete esperti avete già in precedenza creato il vostro discorso introduttivo, comprensivo di strumenti che attuino i seguenti scopi:
a) Creare credibilità nella vostra persona (ricordate la triade)
b) Far rilassare le parti (ricordate le assunzioni di dati certi come apertura e per riscaldare le persone)
c) Far chiarezza (riprendete la questione a punti)
F) Nella discussione informale prima dell'inizio ufficiale della mediazione stessa. Durante il colloquio con le parti, è il momento di essere flessibile ed
a) entrare in "rapport" con ciascuna delle persone con cui si parla in quel momento. Ricordate che potete scegliere qualsiasi aspetto verbale, paraverbale o non verbale. Fatelo per un tempo sufficiente ad essere sicuri di poter passare alla guida.
Questo è anche il momento di
b) continuare a creare chiarezza e costruire autorevolezza (ripetere, fare domande, riprendere le fila...)
F) Accettazione di aprire la mediazione. A questo punto, prima di domandare se vogliono intraprendere la mediazione, ricordate che se siete arrivati fino a qui, le parti vogliono inconsciamente trovare una soluzione ed hanno solo bisogno di poterlo giustificare con una ragione logica.
Spetta a voi avere la leva di dolore e piacere giusta, in modo che le parti arrivino ad una soluzione amichevole.
Se avete il vostro elenco scritto di tutte le conseguenze negative e positive, diventa semplice scegliere quali usare in una specifica mediazione. Certo potete anche decidere di usarle tutte. In questo caso, comunque, sarà ancora più importante che abbiate fatto il vostro elenco scritto e lo conosciate bene.

A questo punto credo che possiamo concordare che all'inizio è necessario un po' di tempo per prepararsi. Eppure con l'esperienza, tutto sarà sempre più facile ed automatico, fino a che vi renderete conto di farlo senza nemmeno rendervene conto.
Certo è che più ci si prepara all'inizio e più facile sarà capire le parti in un batter d'occhio o, per i lettori uditivi o cinestesici in un sol battito.

Il ruolo dell'avvocato nella mediazione[26]

di Andrea Zanello

(Avvocato)

1/ La stabilizzazione della mediazione

In virtù del disposto di cui all'art. 11 ter, comma 1, della legge n. 96/ 2017 di conversione con modifiche del d.l. n. 50/ 2017, la mediazione finalizzata alla conciliazione delle controversie civili e commerciali è un istituto ormai definitivamente organico all'interno del nostro ordinamento.

Terminato, infatti, positivamente il quadriennio di sperimentazione del modello della obbligatorietà temperata (primo incontro sostanzialmente gratuito con possibilità di scelta *opt- out*), "*... A decorrere dall'anno 2018, il Ministero della giustizia*" si limiterà a riferire "*... annualmente alle Camere sugli effetti prodotti e sui risultati conseguiti dall'applicazione delle disposizioni del presente comma ...*" (art. 5, comma 1bis, d.lgs. n. 28/ 2010, nel testo vigente).

La presenza consolidata, accanto al processo, degli istituti di ADR impone pertanto alla classe forense una ampia rimeditazione sul ruolo che è chiamata a svolgere nel rapporto con il cliente e, più in generale, nell'ambito del nuovo assetto ordinamentale.

2/ Le fonti

Per quanto riguarda la mediazione, il riferimento principale è il d.lgs. n. 28/ 2010 (nel testo oggi vigente), in virtù del quale:

a/ sussiste in capo all'avvocato innanzitutto un obbligo di informativa preventiva sulla possibilità di avvalersi del procedimento di mediazione, sulle agevolazioni fiscali e sulle ipotesi in cui la mediazione è condizione di procedibilità (art. 4, comma 3); la norma disciplina altresì i requisiti dell'informativa (chiara e per iscritto), la sanzione (annullabilità del contratto) per il caso di violazione e l'obbligo di allegazione dell'informativa all'atto introduttivo;
b/ l'istanza di mediazione nei casi in cui la procedura è condizione di procedibilità va proposta con l'assistenza dell'avvocato (art. 5, comma 1 bis);
c/ le parti devono partecipare al primo incontro "*con l'assistenza dell'avvocato*" (art. 8, comma 1);
d/ l'accordo può acquisire efficacia esecutiva ove tutte le parti siano assistite da un avvocato ed ove questi ultimi ne attestino e certifichino specificamente la conformità a ordine pubblico e norme imperative (art. 12, comma 1);
e/ "*Gli avvocati iscritti all'albo sono di diritto mediatori*" e sono sottoposti agli obblighi formativi e di aggiornamento nel rispetto dell'art. 55 bis del codice deontologico forense (art. 16, comma 4 bis).

3/ Il ruolo dell'avvocato nelle ADR: un tecnico del processo e nel contempo uno stratega *multitasking*

Il primo approccio al caso: l'importanza di individuare l'obiettivo, i tempi, i costi

La possibilità di utilizzare e/o di essere coinvolti in strumenti alternativi costringe innanzitutto l'avvocato ad un approccio al caso assai diverso rispetto a quello tradizionale, tarato principalmente sul processo.

---

[26] Rielaborazione dell'intervento svolto al convegno di formazione per gli avvocati dal titolo La giurisdizione forense, organizzato da ANF Roma ed ADGI e tenutosi presso il COARoma in data 14.02.2018.

Nell'impostazione tradizionale, infatti, il processo è l'unico strumento per ottenere il risultato (*petitum*), mentre le altre soluzioni sono eventuali e sono viste come il frutto anticipato della prova di forza giudiziale *win- loose*: si contratta, se e nella misura in cui si sta vincendo o perdendo la causa.

Le ADR e, nell'area della obbligatorietà, il dover passare attraverso di esse impongono, invece, all'avvocato una indagine preliminare del caso più estesa e articolata, che, in aggiunta e non in alternativa all'approfondimento tecnico- giuridico della fattispecie, tenga in considerazione:

che non necessariamente la lite si svilupperà nel processo e nel rapporto vincitore/ perdente;

che *tertium datur* e si potranno avere linee di sviluppo alternative, secondo logiche diverse, in primis quella del *win- win* (ognuno raggiunge un proprio scopo) o quella che non va alla ricerca assoluta del giusto secondo la generale ed astratta previsione del legislatore, ma che - pur sempre nell'ambito del territorio tracciato dalla legge - prende in considerazione anche altre variabili, quali l'obiettivo/ interesse concreto, il tempo ed i costi.

Oggi il lavoro non si esaurisce più con la ricostruzione del fatto, con la ricerca delle prove e con la individuazione delle questioni di diritto (sostanziali e processuali), ma occorre affrontare da subito e con la massima attenzione anche i temi della individuazione del vero obiettivo del cliente, nonché del tempo e delle risorse a disposizione.

Quanto alla **individuazione del risultato concreto**, va chiarito immediatamente ciò che il cliente vuole conseguire, il bene della vita che vuole ottenere, l'interesse che vuole soddisfare: accanto al *petitum* deve emergere l'**obiettivo vero**.

Ad esempio: il rientro in possesso dell'immobile può essere funzionale all'obiettivo di farne uno specifico uso proprio (vendita) o altrui (le nozze dei figli); l'impugnativa del licenziamento può mirare all'obiettivo del recupero del posto di lavoro o di ottenere una soluzione economica per chi sia già altrimenti occupato; il recupero di somme e/o di beni può essere finalizzato al mero reintegro delle risorse e/o al reinvestimento e/o alla promozione di nuovi progetti e iniziative; la soluzione della lite può servire alla ripresa, al proseguimento, al miglioramento di un rapporto di durata.

Motivo irrilevante ai fini dello stretto diritto, questo "*perché*" ha un ruolo decisivo per una soluzione alternativa della lite.

La seconda variabile è l'indagine **sul tempo** che il cliente mette, ha e/o ritiene di avere a disposizione: diverso sarà - all'evidenza - il comportamento se serve un risultato subito, se si può aspettare o se si tratta di una questione di principio, destinata ai due gradi di merito ed al giudizio di legittimità.

Infine, pesa **il costo/ l'investimento** che il cliente è in grado e/o è disposto a sopportare e/o a rischiare, in termini non solo di spese legali, ma di altre spese per attività (perizie *in primis*) che potrebbero rendersi necessarie.

In quest'ottica non può passare inosservato il fatto che il preventivo ed il contratto assumono una funzione di garanzia per entrambe le parti (cliente/ avvocato): interessa a tutti avere da subito un quadro generale di insieme di ciò che l'affare potrà comportare in termini di tempi e di costi.

Il cliente chiede un certo risultato, in un certo tempo, con un certo costo: sta all'avvocato elaborare, in virtù della sua professionalità ed esperienza, una strategia che tenga conto dei vari tavoli su cui oggi (diversamente da ieri) si può andare a giocare la partita.

Come si arriva alla procedura alternativa

Il primo contatto con la controparte avviene, di solito, attraverso la prima lettera, sottoscritta dalla parte e dal difensore.

Se la questione non si risolve subito da sè, si avvia una fase di reciproca e timida *discovery*, di carattere principalmente assertivo: contrapposizioni nette, poco spazio alle argomentazioni in fatto ed in diritto, pochissimo alle prove.

Si stabiliscono, in sostanza, i punti di partenza e si misura la distanza.

Le eventuali trattative tendono ad evidenziare più che i contatti, gli impedimenti che ostacolano una soluzione condivisa:

- quelli di tipo procedurale, come nel caso in cui emerga l'assenza del soggetto direttamente interessato alla questione e/o del titolare dell'effettivo potere decisionale;

- quelli di carattere emotivo, quando la percezione delle parti viene distorta e deviata da fattori soggettivi e/o da "nodi" irrisolti nei canali della comunicazione e della reciproca comprensione;

- quelli di carattere informativo, dovuti alla mancanza e/o alla insufficienza delle informazioni.

La tensione si alza, le parti e gli avvocati si irrigidiscono e la possibilità di una soluzione concordata sembra allontanarsi.

Si manifesta, allora, la necessità di un salto di qualità.

Tradizionalmente questo *step* consisteva nell'imboccare senza più esitazione la strada del processo, di spogliarsi del potere decisionale e di rimettere la questione sul tavolo e nelle mani di un terzo: un giudice imparziale deciderà chi ha ragione e chi ha torto in base alle regole del diritto.

Il problema dell'avvocato era, quindi, "solo" quello di predisporre al meglio un prodotto idoneo al conseguimento della vittoria finale.

Oggi, gli istituti di ADR (la mediazione *in primis*) offrono una possibilità intermedia, in cui il potere decisionale rimane in capo alle parti, con la possibilità di risolvere *intra moenia* gli impedimenti di cui si è detto.

In tempi più rapidi ed a costi più contenuti.

Le parti restano le vere protagoniste della controversia (da qui l'indispensabiità della presenza personale).

Un franco, leale e diretto confronto faciliterà la rimozione degli ostacoli emotivi e il deficit informativo sarà colmato, se non del tutto, almeno in ampia parte, dalla riapertura dei canali della comunicazione.

Avveduta dottrina [[27]] ha elaborato la c.d. "*regola dell'80-20*": l'80% delle informazioni rilevanti per comprendere (soprattutto) la propria posizione e che servono per meglio gestire l'eventuale causa (sfrondandola delle questioni inutili e consentendo una più precisa individuazione del nocciolo del

[27]) Cfr., *ex plurimis*, De Palo- D'Urso- Gabellini, *Il ruolo dell'avvocato nella mediazione*, Giuffrè, 2011, 25 e ss.

problema) si ottengono generalmente con il primo 20% di tempo e di denaro investiti; il restante 20% delle informazioni si ottiene con il residuo 80% dell'investimento di tempo e denaro.

Ebbene, la figura chiave al centro di questo complesso di variabili non più solo processuali è quella dell'avvocato, quale esperto tecnico- giuridico e, nel contempo, come stratega di un confronto *multitasking*.

L'importanza delle scelte preliminari

La lettura e la comparazione del regolamento degli organismi attivi sul territorio è una prima occasione di fondamentali e delicatissime valutazioni.

Va infatti scelta l'impostazione di fondo che serve al caso concreto tra

*/ organismi orientati verso la mediazione facilitativa, in cui l'attività del mediatore è finalizzata ad assistere e stimolare le parti nella ricerca di un accordo

ed

*/ organismi orientati verso la mediazione valutativa, in cui maggior rilievo assume la possibilità di formulare una proposta.

I primi hanno una impostazione (per così dire) maieutica, in cui il potere decisionale rimane fermamente in capo alle parti; negli altri prevale una interpretazione più arbitrale della procedura con un parziale spoglio del potere decisionale in favore del terzo.

Entrambe le opzioni sono praticabili, ma sono evidenti le diverse conseguenze della scelta: nel primo caso la controversia sarà indirizzata verso una sinergia collaborativa; nell'altro, sarà segnata dall'esito di una prima prova di forza, di una sorta di test preliminare di tenuta della posizione assunta (con le delicate conseguenze processuali del rifiuto della proposta di cui all'art. 13, d. lgs. n. 28/ 2010).

In secondo luogo, all'avvocato è chiesto di valutare attentamente (di concerto con il cliente) ulteriori variabili:

- la storia, l'esperienza e la specializzazione dell'organismo;
- la qualità complessiva del regolamento;
- il numero e la tipologia delle procedure amministrate; la durata media e la percentuale di successo;
- la qualità e l'efficienza del gestionale, dello staff, della organizzazione, della location;
- la presenza a livello territoriale;
- le indennità ed i costi.

Incidono anche la lista dei mediatori, la loro formazione, i criteri di scelta e le modalità di nomina, nonché le regole adottate per garantirne la imparzialità e la possibilità di consultare preventivamente la lista dei mediatori ed il loro curriculum.

Va individuato, quindi, l'organismo che più si adatti al cliente ed alle caratteristiche, giuridiche e non, del caso concreto, senza limitarsi a scegliere il più vicino, il più consueto o il più facile e a portata di mano.

Not least è la possibilità di assumere l'iniziativa del deposito dell'istanza.

Può infatti convenire al (potenziale) convenuto anticipare il deposito presso l'organismo che ritiene più adatto in quanto non è affatto scontato che debba necessariamente essere il (potenziale) attore a prendere l'iniziativa.

Nel caso di più domande relative alla stessa controversia prevale quella depositata per prima e il difensore accorto non trascurerà di verificare se l'organismo registri o meno l'ora del deposito, dato rilevante, ma non obbligatorio ex art. 4, comma 1, d.lgs. n. 28/ 2010.

Attendere passivamente l'iniziativa della controparte o cercare di anticiparla per andare in una sede reputata migliore?

Da questa decisione (dell'avvocato) dipende se la "partita" si giocherà "in casa" o "in trasferta", sul proprio terreno o in campo avverso, il che - come è noto - non è un semplice dettaglio.

L'avvocato in mediazione

È ovvio, pertanto, che, soprattutto nell'area della condizione di procedibilità, l'attore sia tenuto ad esperire il procedimento "*assistito dall'avvocato*" (art. 5, comma 1 bis) e che l'informativa ex art. 4, comma 3, d. lgs. n. 28/ 2010 non si risolva in una mera formalità, ma abbia un contenuto sostanziale e deontologico.

Si arriva così al primo incontro, durante il quale - presenti le parti "*con l'assistenza dell'avvocato*" (art. 8, co. 1) - "*... il mediatore chiarisce alle parti la funzione e le modalità di svolgimento della mediazione ...*" e quindi "*... invita poi le parti e i loro avvocati ad esprimersi sulla possibilità di iniziare la procedura ...*" (art. 8, co. 1 cit.).

Nonostante qualche ondeggiamento della giurisprudenza di merito, nell'esperienza concreta il primo incontro rappresenta uno snodo decisivo per le sorti dell'intera controversia.

Soprattutto se le parti ed i rispettivi avvocati lo affrontano con la preparazione preliminare ben fatta, non ci saranno troppe sorprese sulla risposta (positiva) che daranno all'interrogazione del mediatore.

Di fronte ad un organismo e ad un mediatore adeguati, con le parti interessate presenti, con l'obiettivo ed il *petitum* chiari e definiti, con la consapevolezza degli impedimenti emotivi da risolvere e del gap informativo da colmare, il confronto diretto sul tavolo della mediazione sarà pieno, serio, approfondito, reale, ben più di quel che può accadere nel processo, destinato a giungere ad una realtà "processuale" non sempre coincidente con quella sostanziale.

I fatti contestati si potranno chiarire con un franco contraddittorio tra le parti e con la condivisione dei documenti, senza bisogno di ricorrere alle prove testimoniali che – come è noto – rappresentano sempre un rischio per chiunque.

Del valore formale e sostanziale dei documenti discuteranno tra loro gli avvocati, che, ove non raggiungano una soluzione condivisa, sono certamente in grado di individuare i noccioli del problema e ridurre all'essenziale i punti di discordia.

Lo stesso per le questioni di diritto, ben conoscendo ciascun difensore – esattamente al pari di quanto conosca un giudice - la normativa, la dottrina e la giurisprudenza, sia di legittimità che di merito, della sezione, del Tribunale e della Corte di Appello di riferimento.

Ecco quindi il valore aggiunto della mediazione: il fatto che si possa fare in una sede "domestica" e sotto il controllo dei protagonisti, "tutto quello e proprio quello" che si fa in un processo, con l'aiuto di un facilitatore e tenendo ferma su di sé la titolarità del potere decisionale, con la possibilità di soluzioni creative oltre il perimetro del *petitum* (è la possibilità c.d. di "*allargare la torta*" che non è consentita nel processo, dove c'è l'alternativa secca della vittoria o della sconfitta in relazione al *petitum* ed alla causa *petendi*) ed un risparmio di tempi e di costi.

E l'avvocato, senza perdere nulla delle sue competenze processuali, che restano una base imprescindibile dell'azione tecnico- giuridica, ne rappresenta il perno sul quale ruota l'intera vicenda: uno stratega *multitasking* nella gestione del percorso per il più rapido ed economico raggiungimento del risultato.

La funzione di garanzia

Ma vi è di più.

In ADR l'avvocato deve assumersi in prima persona il ruolo di garante del rispetto del diritto.

L'enorme vantaggio per le parti di poter confezionare un accordo munito di efficacia esecutiva, immediatamente precettabile ed eseguibile, si fonda sulla attestazione e sulla certificazione degli avvocati della conformità alle norme imperative e all'ordine pubblico.

L'ufficiale giudiziario, chiamato ad eseguire forzosamente, agirà non più perché così ha stabilito un giudice con sentenza esecutiva, ma perché così hanno stabilito le parti con l'*imprimatur* degli avvocati.

Giurisdizione forense, appunto, perché alla fine saranno gli avvocati (e non più il giudice, né tantomeno il mediatore) ad assumersi la responsabilità di decidere ciò che, secondo diritto, si può o non si può fare.

Una funzione altissima, di enorme portata istituzionale, nell'interesse dell'ordinamento e del cittadino a che i problemi siano risolti in tempi rapidi e secondo diritto.

Un ruolo che la mediazione non marginalizza e non deprime, ma che esalta nella concreta soluzione del caso.

Ragioni di spazio impediscono di trattare più ampiamente del lavoro del legale nella trattativa vera e propria: nei rapporti con il mediatore, negli incontri congiunti, negli incontri separati, nella gestione del cliente, nel processo di progressivo avvicinamento alla soluzione finale.

O alla definitiva rottura, cui seguirà, come è ovvio, la causa.

Ma sarà comunque una causa giocata ad un più alto livello, a carte sostanzialmente scoperte, dove si discuterà soltanto delle questioni di fatto rimaste veramente in contestazione e dei punti di diritto selezionati dal confronto.

Tutto l'inessenziale sarà lasciato per strada e le energie potranno essere concentrate sui temi veri della questione sul tappeto.

Con un evidente vantaggio per tutti.

Maggiore professionalità e maggiori responsabilità, più rapidità e più efficacia: una significativa conferma dell'avvocato come protagonista attivo per la soluzione dei problemi del cittadino secondo diritto.

Mediazione e procedure concorsuali - la necessaria trasversalità tra le specializzazioni –

di Roberta Zorloni
(Dottore commercialista - Mediatore Civile e Commerciale)

di Alberto Maugeri
(Dottore commercialista - Mediatore Civile e Commerciale)

Se pensiamo all'istituto della Mediazione nato come strumento per ridurre i tempi e i costi delle cause e pensiamo alle procedure concorsuali dove ridurre tempi e costi è una necessità, oltre che un'imposizione di legge (Legge Pinto), avremmo dovuto aspettarci un ricorso massivo all'utilizzo della mediazione come metodo di risoluzione delle controversie da parte dei curatori fallimentari; invece non è stato così e tuttora, a quasi 10 anni dalla sua introduzione, non è cosi.

Se la causa principale di questa mancata diffusione dell'istituto della mediazione nelle procedure concorsuali è sicuramente culturale, non si può negare che hanno giocato a sfavore anche alcune caratteristiche della mediazione a cui si è stata data, fin dall'inizio, maggior attenzione rispetto ad altre con conclusioni, a volte, anche sbagliate.

Alcuni hanno sostenuto che aver previsto la mediazione per controversie vertenti su diritti disponibili, ne escluderebbe la compatibilità con il fallimento dato che il curatore non ha la piena disponibilità dei diritti nell'ambito del suo incarico. Se da un lato è vero che il curatore non può chiamare o intervenire in mediazione autonomamente, dall'altro può procurarsi i poteri tramite apposite istanze autorizzative da parte del comitato dei creditori o, in mancanza di tale organo, può essere autorizzato direttamente dal giudice delegato. D'altronde, neanche in giudizio il curatore può stare senza previa autorizzazione degli organi della procedura.

Un'altra peculiarità della mediazione, a cui è stata data molta enfasi e che ha tratto in inganno, è che essa tende a risolvere la controversia facendo emergere i veri interessi e soddisfacendo i bisogni. Ora, detta così e considerando la figura e il ruolo del curatore che è terzo rispetto alle vicende della società di poi fallita, sembra ragionevole escludere l'applicazione della mediazione alle controversie in cui una parte è il fallimento. Ma ancora una volta non è così. Il curatore, in quanto tale, ha dei ben precisi interessi e il principale se non unico, come sopra detto, è quello di risolvere le controversie in modo veloce e con minor costi possibili portando utilità alla procedura. E in questo, cosa meglio dello strumento della mediazione può essere ritenuto idoneo?

Pur vero che nel corso della mediazione non potremo avere sorprese sui bisogni del curatore, che necessariamente saranno:

a) definire la controversia;

b) recuperare attivo;

c) convincersi che il risultato scaturente da un eventuale accordo in termini di tempo e costi sia il migliore ottenibile.

E questo renderà tutto più scontato e meno contenti i fautori della mediazione pura.

Se, per quanto detto finora, non esistono ostacoli oggettivi all'utilizzo della mediazione nelle procedure concorsuali, si può ben comprendere come la non adozione dell'istituto, nelle sezioni fallimentari dei Tribunali, derivi da una mancanza di cultura e di una mirata diffusione. Questo ha fatto si che chi opera nel campo delle procedure concorsuali non abbia

intuito e colto i vantaggi e le opportunità di tale strumento. Tale stato di cose, che non è l'unico esempio, è la conseguenza di quello che io definisco "mancanza di trasversalità" tra le specializzazioni.
Si parla tanto di specializzazioni come futuro della professione. Un futuro, a ben vedere, che è già presente.
Da tempo, infatti, ci stiamo specializzando perché ce lo richiede il mercato. Tuttavia, nello specializzarci, non dobbiamo chiuderci ma mantenere i collegamenti, una certa trasversalità, con le altre aree della professione altrimenti rischiamo di perdere molti contenuti.
Tornando alla mediazione, si è discuso molto se il mediatore debba essere un tecnico della materia in cui è chiamato a mediare o, al contrario, visto che non è un giudice, il suo ruolo è maggiormente garantito se non ha particolari competenze.
Pensiamo che il mediatore debba conoscere le materie e, se consideriamo l'ambito delle procedure concorsuali, ci convinciamo che un mediatore che capisca le dinamiche del fallimento possa svolgere decisamente meglio e con più probabilità di successo il suo incarico. Infatti, se è vero che il mediatore deve entrare in empatia con le parti per condurle ad un accordo, come fa un mediatore ignaro delle peculiarità del ruolo del curatore entrare in empatia con lui?
Con questo non vogliamo dire che il mediatore debba saper fare il curatore ma deve sicuramente conoscere le caratteristiche che ne contraddistinguono il ruolo.
A questo punto, stabilito che la mediazione può essere un valido strumento per il curatore, vediamo quali controversie proprie del curatore meglio si adattano all'istituto.
Se pensiamo alle azioni che può intraprendere il curatore, sicuramente indicheremmo le azioni di responsabilità nei confronti di Amministratori e Sindaci, le azioni revocatorie e, in generale, tutte quelle vertenti su una richiesta di risarcimento del danno.
Questo perché, per loro natura, queste cause sono lunghe e quasi sempre viene richiesta una consulenza tecnica con ulteriore aggravio di spese.
Ciò non toglie che il curatore possa utilizzare lo strumento della mediazione anche per il recupero di crediti, soprattutto, laddove ha difficoltà a recuperare documentazione o tale recupero risulti costoso.
Ricordiamo, infatti, che il curatore per il recupero dei crediti sorti ante fallimento è terzo e non sempre ha a disposizione tutte le carte e, in questo caso, la mediazione può andargli in aiuto non essendoci l'onere della prova così come nel processo civile di cognizione.
Per completezza, si segnala che non potranno essere oggetto di mediazione tutte quelle cause proprie del procedimento fallimentare come l'opposizione allo stato passivo, i ricorsi, i reclami che devono necessariamente tenersi davanti all'Ufficio fallimentare.
In conclusione, come si è visto, la mediazione nelle procedure concorsuali può essere un utile e valido strumento ma occorre fare cultura laddove non ci ha pensato il legislatore. Bastava sancire l'obbligatorietà dell'esperimento in mediazione per i processi civili di cognizione dove il fallimento è attore, ma così non è. Quindi tocca a noi professionisti, non fermarsi, uscire dalle nostre specializzazioni e trovare collegamenti e sinergie con altre specializzazioni!
Queste riflessioni sulla Mediazione e le Procedure concorsuali, sorte in occasione dell'interessante Tavola Rotonda "L'efficacia della Mediazione aziendale e d'impresa: Scenari, riflessioni e prassi applicative " - Il ruolo del dottore commercialista - tenutasi a Roma il 1 marzo 2018, organizzato dal dott. Alberto Maugeri, referente e relatore dell'Organismo di Mediazione n. 256 - Agorà Mediazioni s.r.l. - in collaborazione con l'Associazione di Profesionisti "Co.ne.pro", ci portano a sostenere la necessità che simili iniziative possano essere ripetute, affinchè crescano la cultura e la sensibilità verso l'Istituto giuridico della Mediazione.

Inoltre, sarebbe auspicabile il coinvolgimento dei Giudici delle Sezioni Fallimentari dei Tribunali.

Mediazione, ritorno al futuro

di Giovanni Matteucci

(Mediatore Civile)

"... dopo 30 anni di attività e circa 4.000 mediazioni gestite, ad oggi riscontro:
" 1 . Diminuzione dei tassi di successo ...
" 2 . Sclerosi della procedura: la rigidità è all'ordine del giorno e manca l'innovazione. La sessione congiunta (quando c'è) è un rituale, seguita da offerte in genere ridicole e poco pertinenti, con un qualche intervento del mediatore, a volte risolutivo, molto spesso inutile;
" 3 . Pressione sulle tariffe ... sempre più aggressiva ...
" 4 . Limitata partecipazione attiva delle parti: il più delle volte gli avvocati sconsigliano o non permettono ai loro clienti di parlare nella sessione congiunta di mediazione ed a volte nelle riservate; ...
" 6 . Comportamento degli avvocati, che pensavo fosse andato in disuso 20 anni fa ...
" 7 . Inconsistenti capacità negoziali ...
" 8 . Fine del senso della dignità e del rispetto – forse è un segno dei tempi, basato sull'andamento della politica, ma pare che prevalga l'idea che in mediazione si ottengono migliori risultati grazie a una totale mancanza di rispetto dell'avversario ....
" 9 . ... e i mediatori, di fronte a tutto ciò, sorridono ed accettano tutto; e ciò riflette la situazione del mercato .... ".

Rick Weiler, mediatore in Ontario, in un post del 6.4.2018[28].

Quando ho letto questo righe, che descrivono una situazione così poco appagante della mediazione nell'Ontario, mi sono chiesto: Rick Weiler disegna una realtà quasi identica a quella italiana di oggi; noi mediatori italiani (quelli che ci credono) ci stiamo impegnando molto per farla decollare; fra 30 anni rischiamo di fare le stesse considerazioni?

Uno dei suggerimenti indicati da Rick Weiler per contrastare tale situazione è "EDUCATION"; per quanto superfluo, seria. Proprio quella che è mancata in Italia nel periodo 2010 / 2011[29].

Oggi / 30 anni fa crediamo / credevamo di fare qualcosa di valido, ed un signore ci dice che, a 30 anni di distanza, potrebbe non cambiare nulla (come è successo nell'Italia post unitaria – "*Tutto deve cambiare perché nulla cambi*").

Cioè, "*Noi credevamo*" (il film di Manlio Martone sui sogni di quelli che, poi, la propaganda avrebbe chiamato "eroi prerisorgimentali") ed un per nulla allegro RITORNO AL FUTURO.

---

[28] http://mediationblog.kluwerarbitration.com/2018/04/06/whither-wither-mediation/

Mediazione civile in Italia nel 2017: bonaccia ... apparente!

di Giovanni Matteucci

(Mediatore Civile)

Secondo i dati pubblicati dal Ministero della Giustizia, nel 2017 [30] :

A - Procedure di mediazione civile avviate **- 9%** (183.977 nel 2016, 166.989 nel 2017)

- tasso di successo [31] **+ 9%** (11% nel 2016, 12% nel 2017)

- accordi **- 1%** (20.237 nel 2016, 20.038 nel 2017)

B - Procedure in base alla fonte

- incidenza % sul totale

... obbligatorie 76% (80% nel 2016)

... volontarie 10% (9% nel 2016)

... delegate 13% (11% nel 2016)

... clausola compromissoria 0,5% (0,5% nel 2016)

- tasso di successo

... obbligatorie 24% (23% nel 2016)

... volontarie 36% (39% nel 2016)

... delegate 36% (15% nel 2016).

C - Organismi di mediazione **- 21%** (778 nel 2016, 615 nel 2017)

- Procedure per categoria di organismi di mediazione

... CCIAA - 3% (87 nel 2016, 84 nel 2017)

... organismi privati - 36% (516 nel 2016, 383 nel 2017)

... altri ordini professionali - 33% (70 nel 2016, 47 nel 2017)

... avvocati - 4% (105 nel 2016, 101 nel 2017)

D - Valore delle controversie oggetto delle mediazioni

... medio - 21% (euro 139.544 nel 2016, 110.368 nel 2017)

... mediano /// (euro 17.000 nel 2016 e nel 2017)

- Durata delle procedure + 12% (115 giorni nel 2016, 129 nel 2017).

---

29 "Civil mediation, how to kick-start it; the Italian experience. The relevance of training" https://www.academia.edu/35125411/ADR_Matteucci_2017.10.30_Civil_mediation_how_to_kick-start_it_the_Italian_experience._The_relevance_of_training

30 https://webstat.giustizia.it/Analisi%20e%20ricerche/Mediazione%20Civile%20-Anno%202017.pdf

31 Tasso di successo = accordi / procedure avviate.

In sintesi: contrazione del mercato (- 9%), forte diminuzione degli organismi (- 21%), aumento della durata delle procedure (+ 12%; tendenza, quest'ultima, purtroppo in essere da anni).

Continua, a passo lento ma costante, la crescita del tasso di successo (anche se ancora modesto, **12%**), per cui il numero degli accordi realizzati rimane tra i più alti di sempre.

Il ruolo di apripista svolto dalle CCIAA nel 2011 è un lontano ricordo; diminuzione del numero degli organismi privati, ma aumento del lavoro per quelli che "sopravvivono"; leggero miglioramento del tasso di successo presso gli organismi forensi, che però continua ad essere "fanalino di coda".

Forte crescita della mediazione delegata, la cui incidenza percentuale sul totale delle procedure, dal 2013 al 2017 in riferimento ai singoli anni, è stata: 2%, 8%, 10%, 11% e 13%. Inoltre MANCANO I DATI DEI GIUDIZI PERENTI PER MANCATA PRESENTAZIONE DELLE PARTI A SEGUITO DI ATTIVITA' "MEDIATORIA" DEL MAGISTRATO, statistiche non di competenza del Ministero della Giustizia ai sensi della L. 28/2010 e del D.M. 180/2010. Giusto per avere un'idea, un magistrato -tra in più convinti della bontà dello strumento-, con circa 700 cause a ruolo, nel 2017 ne ha gestite 113 tramite *ASR* (*Alternative Sentence Resolutions*, definizione di suo "conio").

Dal che: lo sviluppo della mediazione civile, in Italia, ha avuto impulso grazie all'attenzione prestata dalla magistratura; gli spazi di crescita sono ancora consistenti.

Altro elemento essenziale per il miglior uso dello strumento, la formazione. Alla 6CIM-Competizione Italiana di Mediazione, presso la CCIAA di Milano e l'Università degli Studi della stessa città a febbraio 2018, 22 università e 120 ragazzi tutti molto preparati. L' Università di Firenze continua nell'attività di formazione ad alto livello in stretta collaborazione con il locale Tribunale.

La cooperativa Risorsa Cittadino, di Forlì, nell'ambito del progetto "*Invece di giudicare*", continua nella sua attività di sensibilizzazione alla mediazione, e formazione, presso le scuole di molte città italiane. [32]

Per cui, nel 2017, bonaccia, ma apparente ! [33]

---

[32] Julini Mauro, "*Cresce l'importanza della mediazione. L'esperienza di Forlì*", Corriere della Sera - buonenotizie, 20.3.2018, pag. 28.

[33] Per i dati statistici dal 2011 al 2016, Matteucci Giovanni, "*Civil mediation, how to kick-start it; the Italian experience. The relevance of training*", 30.10.2017, in

https://www.academia.edu/35125411/ADR_Matteucci_2017.10.30_Civil_mediation_how_to_kick-start_it_the_Italian_experience._The_relevance_of_training

La "via italiana" alla mediazione all'ONU

di Giovanni Matteucci

(Mediatore Civile)

Nel 2007 l'Assemblea Generale delle Nazioni Unite [34] ha introdotto un nuovo sistema di gestione delle controversie nell'ambito dei rapporti di lavoro, sia tra le persone che operano all'interno dell'organizzazione, sia con i consulenti esterni.

Come in tutti gli ambienti di lavoro, ci sono controversie relative a misure disciplinari, promozioni attese e non ottenute, entità delle retribuzioni, discriminazioni, molestie (anche sessuali), rinnovi di contratto, ecc.. In un contesto, quale quello dello delle Nazioni Unite, contraddistinto per di più da forti diversità culturali e dispersione geografica, nonché dall' impossibilità, per lo staff interno, di rivolgersi ai tribunali nazionali, essendo l'ONU un organismo internazionale.

Il nuovo sistema per la risoluzione delle controversie, entrato in vigore nel 2009, è così strutturato:

- procedure informali

  . negoziazione diretta;

  . intervento dell'*UN Office of Ombudsman*, per un'assistenza riservata, informale e indipendente, compresa un'attività di mediazione;

- procedure formali

  . "*management evaluation*" – se un membro dello staff intende contestare una decisione della struttura deve farlo entro 60 giorni dalla notifica, chiedendo un riesame della decisione in autotutela; la risposta deve arrivare, in genere, entro 45 giorni;

  . *UN Dispute Tribunal* , corte di prima istanza;

  . *UN Appeals Tribunal*, corte di appello.

Per le controversie con i consulenti esterni, che rappresentano tra il 40 e l'80% della forza lavoro, è previsto il ricorso all'arbitrato o ai tribunali nazionali

Nel sito dell'*Un Internal Justice System*, in una sezione dedicata ad una guida alle varie possibilità per la gestione e risoluzione dei contrasti sul posto di lavoro, si raccomanda innanzitutto di cercare di risolvere la controversia in maniera informale nell'ambito della propria struttura. In caso di insuccesso, contattare l'*UN Ombudsman and Mediation Office* [35] (il cui motto è "*Working together*

---

[34] General Assembly, resolution 62/228 of 22 December 2007 on the Administration of Justice at the United Nations.

[35] UN Internal Justice System - "*As a first step, every effort should be made to resolve a dispute informally at the working level in your own office or Department. Familiarize yourself with the rules governing the particular matter you believe has been handled in a manner that violates your rights. Speak to your colleagues, supervisor, Executive Officer, or another manager whom you trust.*

" *If no resolution is found within your office or department, or if you would like confidential advice, contact the Ombudsman and Mediation Services to seek their assistance or possible intervention.*

" *Remember, resolving a dispute through informal mechanisms is usually quicker and less cumbersome and emotionally stressful than litigation.*

" *Identify the specific administrative decision that you are objecting to, and when the decision was made, or when you were effectively notified of the decision. This is very important for the timelines, should you decide to proceed with contesting the decision through the internal justice system*".

http://www.un.org/en/oaj/unjs/stepbystep.shtml

to find a solution"). Tuttavia, se poi si va alla sezione dedicata al glossario (29 voci), non si trova la voce "*mediation*". E, dai dati presenti negli *Annual Report of the UN Office of the Ombudsman*, risulta che la mediazione, fino a pochi anni fa, ha ricoperto un ruolo del tutto ancillare.

Numero delle procedure avviate presso l'*UN Office of Ombudsman*

Anni	Procedure avviate	di cui mediazioni
2009	407	n.d.
2010	418	n.d.
2011	515	n.d.
2012	383	6
2013	340	n.d.
2014	431	n.d.
2015	458	n.d.
2016	428	10
2017	450	32

Per l'ONU, "*la mediazione è una procedura informale e riservata, nella quale un soggetto adeguatamente formato può assistere le parti nella ricerca di un accordo negoziato della controversia. Il mediatore non impone la soluzione, ma opera come un facilitatore. Entrambe le parti devono aderire spontaneamente alla procedura, che è volontaria. / Nell 'ambito di una procedura informale di risoluzione della controversia, un ombudsman può proporre il ricorso alla mediazione. Un membro dello staff può contattare direttamente la Mediation Division. / E' anche possibile che, nell'ambito di un procedimento davanti all'UN Dispute Tribunal, il giudice, con l'assenso delle parti, indirizzi queste ultime alla mediazione; se non raggiungono un accordo, il caso torna di competenza del Tribunale*" [36] .

Secondo le relazioni annuali sull'attività dell'*UN Ombudsman Office* [37] , il basso numero delle mediazioni, prima del 2017, è dipeso anche da una certa riluttanza dell' amministrazione a ricorrere allo strumento. Inoltre la causa principale, rilevata, dell'inasprimento dei conflitti è la scarsa conoscenza delle tecniche di comunicazione, per cui l'ufficio ha iniziato attività di formazione in questo campo, che intende intensificare con simulazioni di reali conflitti sui posti di lavoro [38] .

Scarsa efficacia mostrano di avere le procedure arbitrali [39] .

---

[36] *Administration of Justice in the United Nations*, "*A guide to resolving disputes*", New York 2009, pagina 3 http://www.un.org/en/oaj/unjs/pdf/guide_to_resolving_disputes_en.pdf

[37] *www.fpombudsman.org*

[38] *I titoli dei* workshop *attivati ben chiariscono gli obiettivi perseguiti:* 'Mediation, the right choice at the rigth time (transformative workplace into constructive energy)", 'Challenging conversations at work (and beyond)", 'Civility and respect at work (a pathway to constructive conflict, prevention and resolution)", 'Conflict management for leaders".

[39] Office of the UN Ombudsman, Annual report 2017, *pagina 16 :* 'In his report on the administration of justice at the United Nations submitted to the General Assembly at its seventy-second session, the Secretary-General noted that nearly 133 cases (from 2009-2016) were initiated in different national courts by non-staff personnel whereas the total number of arbitration notices in this time period was only 18 (see A/72/204, annex II), thus pointing to the ineffectiveness of the policies in place".

Di rilievo una nota del Presidente del *UN Dispute Tribunal* del 2.10.2017, indirizzata al presidente della Sezione sesta, nella quale è sottolineata l'opportunità di avere "*compulsory judicial mediation*" in tutte le controversie, prima che vengano portate all'attenzione della corte [40] .

Si ripropone l'anteticità tra il concetto di "obbligatorietà" con quello di "volontarietà" proprio della mediazione, contrasto che viene superato se si realizza una procedura di "*voluntary mediation, on a compulsory base*". O, come affermato dal Prof. Frank E. Sander, "*there is a difference between coercion into mediation and coercion in mediation*". E ciò grazie all'obbligatorietà di un primo incontro, nel quale si informino le parti sull'essenza della mediazione, alla fine del quale siano libere di decidere se continuare o meno [41] .

In pratica, il modello "*opt-out*" adottato in Italia dal 2013 in poi [42] , utilizzato anche dalla World Bank [43] . L'*UN Office of the Ombudsman* propone, a titolo sperimentale, l' introduzione di questo tipo di procedura e, cosa ancora più interessante, la sperimentazione di un sistema di modelli differenti di mediazione, in modo da testarne l'efficacia comparata [44] .

---

[40] Office of the UN Ombudsman, Annual report 2017, *pagina 13*

http://fpombudsman.org/wp-content/uploads/2018/05/Annual-Report-2017.pdf

[41] *Office of the UN Ombudsman, Annual report 2017*, citato : "*The Ombudsman believes that some clarifying points regarding the concepts of 'mandatory' and 'compulsory' in the context of mediation will be useful since they seem to contradict a central tenet of mediation: that mediation is a voluntary process. However, a requirement to attend an initial mediation meeting is, clearly, not a requirement to undergo an entire mediation process, let alone to resolve the case through mediation. Furthermore, a mediation settlement itself can be reached only on a voluntary basis*"

[42] *D'Urso Leonardo*, "Italy's 'required initial mediation session': bridging the gap between mandatory and voluntary mediation*", in* Wiley Online Library, *aprile 2018* *https://onlinelibrary.wiley.com/doi/10.1002/alt.21731*

Matteucci Giovanni, "Mandatory mediation, the Italian experience*" 23.6.2015 video*

https://blogmediazione.com/2015/06/23/mandatory-mediation-the-italian-experience-video/s

Matteucci Giovanni, "Civil mediation, how to kick-start it; the Italian experience. The relevance of training*", 30.10.2017* *https://www.academia.edu/35125411/ADR_Matteucci_2017.10.30_Civil_mediation_how_to_kick-start_it_the_Italian_experience._The_relevance_of_training*

[43] World Bank – "*The Mediation Process, Requests for Mediation.*

" *Requests for mediation may be made in writing jointly by all parties, individually by one of the parties, or by anyone directly or indirectly involved in the dispute. After receiving this initial request, Mediation Services will conduct an intake session with each of the parties individually to determine whether mediation is appropriate. Bank Group staff members are expected to meet and collaborate with Mediation Services for case intake purposes.*

" *If Mediation Services determines that the case is not sappropriate for mediation, the staff members will be referred to other resources in the Bank Group.*

" *If Mediation Services determines that the case is appropriate for mediation the parties shall participate in the first mediation session. At the end of the first mediation session, the parties can decide whether they want to continue with the mediation and, if so, how to proceed*" - 10.8.2016

https://policies.worldbank.org/sites/ppf3/PPFDocuments/93495c424e914b858b1e35766e169cff.pdf

[44] *Office of the UN Ombudsman, Annual report 2017*, citato - " *The Ombudsman would like to propose the introduction on a trial basis of an 'opt-out' system of mediation ... whereby the parties would be only required to attend an initial mediation meeting, or a pre-mediation session, with a professional mediator. During that initial meeting, the parties can then either decide to enter into the full mediation procedure or not. Because the parties retain the freedom to go through the mediation process or not, after the initial meeting, the model proposed is fully compatible with the current terms of reference of the United Nations Office of the Ombudsman and Mediation Services.*

"*An alternative model preserving the parties' freedom to mediate or not, while requiring a more serious and structured effort at settlement, would be for the funds and programmes to commit to mediate when the other party so asks. This model has been in place at the World Bank for a decade and is regarded as very successful.*

...

Se il progetto verrà attuato, considerato che coinvolgerebbe circa 200 culture, le possibilità di analisi saranno veramente interessanti.

"Under this model it would be advisable to allow each party to 'opt out' at the end of the initial mediation meeting, to save time and energy where the chances of reaching a final agreement may appear slim. In fact, the initial mediation meeting is designed to provide litigants with a form of screening into the viability of the process, which depends on a multiplicity of factors that are best assessed during a joint meeting. These factors include the nature of the legal case, the parties' legal positions as well as their personal and professional interests (such as time, reputation and confidentiality), the attitude and experience of their counsel and, of course, the credibility and ability of the mediator.

"Hence the Ombudsman … wishes to propose at this time a trial programme, which could involve multiple mediation models at the same time, for the sake of generating comparable empirical evidence and thus stimulating more informed consultations".

http://fpombudsman.org/wp-content/uploads/2018/05/Annual-Report-2017.pdf

ADR in 26 Countries : Mediators and Ombudsmen

di Giovanni Matteucci

(Mediatore Civile)

Who can mediatie? Is there a law that defines who can perform mediation? What kind of training programme is required? Do you have a national organization of mediators? [45]

A few months ago a friend mediator from Cyprus sent me an e-mail proposing to set up a group of mediators, present in different countries, for an exchange of information on ADRs in their own nation.

Another mediator, from Israel, was preparing a draft, and asked the four questions mentioned in the title.

[45] Authors : Stelios Asproftas *Cyprus* stelioslaw@cablenet.com.cy , Giovanni Matteucci *Italy* giovannimatteucci@alice.it , Fatma Nursima Arslan *Turkey* fna7@le.ac.uk , Olga Tsiptse *Greece* tsiptse@yahoo.gr , Šarūnas Mačiulis *Lithuania* media@mediator.lt , David Shimoni *Israel* shdavid49@gmail.com , Ramon Tena *Andorra* ramon_tena@andorra.ad , Marin Pădeanu *Romania* padeanu.marin@gmail.com , Srdjan Šimac *Croatia* srdjan.simac@st.t-com.hr , Dmitry Davydenko *Russia* dmitridavydenko@gmail.com , Ursula Caser *Portugal* ursicaser@gmail.com , Sylvie Mischo Fleury *France* sylvie.mischo@gmail.com , Maksud Karaketov *Kazakhstan* karaketov@gmail.com , Eugenia Ruiz Alvarado *Spain* e.r.alvarado@culturolingua.com , Elizabeta Spiroska *Macedonia* e.spiroska979@gmail.com , Sophia Zheng Tang *Cina* Sophia.Tang@newcastle.ac.uk , Judit Glavanits *Hungary* glavanitsjudit@gmail.com , Dominc D'Abate *Canada* consensusmediation@me.com , Medhat El-Banna *Egypt* medhat.elbanna@necdr.com , Gunavathi Subramaniam *Malaysia* gunavathis@gmail.com , Cezary Rogula *Poland* cr@cezaryrogula.com , Frantisek Kutlik *Slovakia* kutlik@simars.sk , Roman Koval *Ukaine* roman.ipeg@gmail.com , Michele Pedrosa *Brazil* michelepaumgartten@gmail.com , Marine Cornelis *Belgium* marinecorneliseu@gmail.com .

Layout by David Shimoni.

In December 2017 answers have been received, 18 from European countries, 5 from Asian countries, 1 from Egypt, 1 from Canada and 1 from Brasil. Legislators are interested in the instrument, but the solutions adopted are very different from place to place. Understandable, having regard to the historical, economic and social differences of individual nations; but some common elements emerge.

Let's start from the basic element for any activity, knowledge. In other words, training. Some countries require a minimum of 40/50 hours, Slovakia 200 hours; China does not have a common minimum programme. But, as pointed out by a Romanian mediator, if the "quantity" (the number of hours) is important, even more so is the "quality" [46].

And only Italy processes statictistic data at national level, thanks to which some evaluations can be carried out [47].

There are also many differences in the requirements to become mediators. In some nations anyone can carry out this activity, but usually an academic degree is required (often in any subject). Turkey also requires a minimum of 5 years of legal practice. In some countries there is a distinction between professional and non-professional mediators, which suggests that in some places there is a tradition in the matter.

Few countries have a national organization, that represents all mediators. A positive outcome, because mediation is a flexible procedure, which must not be "caged" by a single professional association. Provided that a third party controls compliance with the rules and, possibly, quality. "*On the other hand, a national organization taking for example the form of a federation where existing mediation associations as well as all mediators, on an individual basis can be a member (like the Federação Nacional de Mediadores de Conflitos in Portugal) could defend the mediators' interests, counsel Ministries and government on legislation and certification matters, promote mediation in general and create a solid 'market' for mediations of all kind*" [48].

Despite these differences, however, the theoretical influence of Anglo-Saxon mediation is more or less present in the various countries: communication techniques and psychology elements in training, principle of confidentiality in the procedure, the final decision that "should" be reached by the parties. Transformative aspects, however, are crucial and strongly focussed in some, especially the south-western, countries of Europe [49].

A world apart China, with a millennial tradition also in mediation [50] : 4 kinds of procedures, 800,000 centers of mediation of the people.

Interesting the experience of Ombudsmen, "*who have a public mandate to perform mediation for free on a larger scale, aggregate data and therefore have an impact at the policy and regulatory levels; ombudsmen hereby presented also comply with the requirements of the 2013 ADR Directive (2013/11/EU)*" [51].

---

46 Pădeanu Marin, "*Evolution and involution of mediation in Romania*", 2017 https://www.academia.edu/34089971/The_evolution_and_involution_of_mediation_in_Romania

47 Matteucci Giovanni, "*Civil mediation, ho to kick-start it: the Italian Experience. The relevance of training*", 2017 https://www.academia.edu/35125411/ADR_Matteucci_2017.10.30_Civil_mediation_how_to_kick-start_it_the_Italian_experience._The_relevance_of_training

48 Ursula Caser .

49 Red Empuries-Farinha A., Caser U., Salberg, A.-C., Canyameres M., Larsson M., Espinòs F. & Olalde A.) (2014), *Aspectos pertinentes de la Conceptualización de la Mediación: Perspectivas Anglo-Sajona e Latina,*. in: *La Trama*, Nº 42, 14p. Buenos Aires (usuário: latrama – pass: conflicto)

50 Zeng Sophia Tang, "*Mediation in China*", 2014 http://www.adrmaremma.it/english/tang01.pdf

51 Marine Cornelis.

I thank all fellow mediators for their contribution.

Mediators

Country	Who can mediate?	Is there a law that defines who can perform mediation?	What kind of training program is required - how many hours and main topics taught?	Do you have a national organization of mediators?
Cyprus Stelios	A Mediator must be a trained and accredited person by a recognised institution. Despite any other professional capacity (lawyer, psychologist), a mediator must acquire a valid accreditation. In my humble opinion, training is the most important aspect, like of course in other professional category.	According to Cyprus Civil Mediation Act, a mediator must obtain the initial 40 hour training accreditation, but we must present at least 24 training hours of training every three years. (I believe that there should be changes in our law)	The basic training, at least based on my experience is 40 hours, which is 5 working days, including the evaluation/ exam. There is the theory and case study part (role plays).	In Cyprus there is an organization which was for many years dormant, but now they are to re-group. It is recommended to have a local mediator cooperating.
Italy Giovanni	University graduates (at least three years course) and technicians, but only for controversies related to their job	Yes, Decreto Legislativo 28 / 2010 e Decreto Ministeriale 180 / 2010	Hold a BA degree in any subject, or membership in a professional association (in this second case, mediators are only allowed to manage proceedings	No. The names of mediators are recorded in a register hold by the Ministry of Justice. Mediators must operate within a mediation body (*Organismo di mediazione*). The mediation bodies were ruled by the Ministerial Decree 180 / 2010, updated by Ministerial

Christopher Hodges, Iris Benohr and Naomi Creutzfeldt, "*Consumer ADR in Europe*", Bloomsbury Publishing, 2012, Law.

			related to their professional competences); - complete a 50 hour training course on theory and practice, designed for a maximum of 30 trainees, consisting of: - Italian, European and international laws on mediation; - facilitative and adjudicative mediation procedures, and mediation ordered by a judge; - conflict management techniques; - communication techniques; - mandatory mediation contract clauses; - form, content and effects of mediation demand and agreement; - mediator's duties and responsibilities; - simulated mediation sessions; - final 4 hour test; - update their training every two years with an 18 hour advanced training course on the above mentioned	Decree 145 / 2011 .*"Organismo di mediazione: l'ente pubblico o privato, o la sua articolazione, presso cui può svolgersi il procedimento ai sensi del decreto legislativo 18/2010"- "Mediation body: public or private institution, or its branch, where the mediation proceedings can take place under Decree 28/2010*". We are talking about institution, not single people. Public institutions (also ruled by foreign law): chamber of commerce, council of professional bodies (not only lawyers), universities, etc.. A registered capital amounting to a minimum sum required for setting up a small joint-stock companies. An insurance policy for an amount not lower than 500,000.00 euro. An independent accounting. The mediation body applies for registration to the Ministry of Justice. The rates are established by the Ministry and are paid by the parties to the mediation body, which pays the mediator.

			subjects, including simulated mediations, and attend 20 mediation procedures. According to my opinion, 50 hours training are unsufficient.	
Turkey Fatma	**Who can mediate?** To be a Turkish citizen, a university degree in law and a minimum of five years legal practice, completion of an accredited training program on mediation. The final steps to register as a mediator are the Ministry of Justice's written and practice exams.	**Is there a law that defines who can perform mediation?** Yes, Art.20, Law on Mediation in Civil Disputes No: 6325	**What kind of training program is required - how many hours and main topics taught?** According to the Articles 22 and 23 of the Mediation Act, these programs could only be provided by the universities, the Turkish Bars Association or the Turkish Justice Academy. For instance, The Turkish Bars Association's mediation training program are taught over 8 days/ 65 hours. According to the Act, the training includes basic knowledge, communication techniques, negotiation and dispute resolution techniques and the role of psychology in the dispute	**Do you have a national organization of mediators?** No. Ministry of Justice, Mediation Department keep the register of the persons who have attained the authority to mediate in private law disputes. The information pertaining to the persons included in this register is also announced electronically by the Department.

			resolution.	
Greece **Olga**	**Who can mediate?** Mediator can be anyone who has finished university as long as he attends to the 40 hours training programme, and passes double exams to both of training institute and the ministry. It is quite demanding. In Greece there are almost 1800 mediators. Mediation is not obligated in Greece apart from the new law that is going to be started in August and it is about the loans that took the greek businesses and can not pay back.	**Is there a law that defines who can perform mediation?** The law is 3898/2010 that accepted EU's directive.	**What kind of training program is required - how many hours and main topics taught?** 40 hours training programme, and passes double exams to both of training institute and the ministry. It is quite demanding.	**Do you have a national organization of mediators?** We don't have any national organisation for mediators apart from the list/catalogue of the Ministry of Justice that includes all the mediators have the skills are defined in the greek law.
Lithuania **Sarunas**	Today everybody can work as a mediator but situation will change Old law is very liberal, but the new one is strict. Not specified yet but 40 hours is for sure. From	From 2009. In June Lithuanian Parliament passed new mediation law which include serious requirements for mediators. Mediators should be in a special register hold by Ministry of Justice where new mediator could be added after 40 hours training and		Yes and no. Few people create but it isn`t very active yet.

		special exam. Higher education, good reputation and so on are also required.		
Israel David	**Who can mediate?** Anyone can mediate and currently there is no regulation. But in order to get cases from the Courts, you have to hold an academic degree and have 160 hours of training.	**Is there a law that defines who can perform mediation?** No law yet, we are working on one. meanwhile, new regulations are being drafted to define who can get cases from the Courts, aiming at a cadre of 300 - 400 mediators.	**What kind of training program is required - how many hours and main topics taught?** 60 hour basic training course: negotiation theory and skills, mediation principles and skills, the mediation process, law and ethics of mediation, 5 simulations, no exam. 100 hour advanced training: each student conducts 6 "real" mediations (Small Claims Court) under supervision of a certified instructor.	**Do you have a national organization of mediators?** There are a few associations.
Andorra Ramon	Who can be a mediator: Anybody holding a 3 years university degree in any subject + a specific training in mediation (150 h). Other requirements is to have a civil	Is there a Law: Spring 2018.	150 hours specific training in mediation + 15 hours training every 2 years. The Law won't specify any contents but this will be developed by the Mediation Committee that the Law will create.	No. My company (Dialoga) functions as a social entrepreneurship project and works in promoting and lobbying for mediation. The Law will create a Mediation Committee, but it's not really an association.

	responsibility insurance.			
Romania **Marin**	**Who can mediate?** According to art. 7 of the Law no. 192/2006, "the mediator may be the person who fulfils the following conditions: A) has full exercise capacity; B) has higher education; C) has a working experience of at least 3 years; D) is medically fit for the exercise of this activity; E) enjoys a good reputation and has not been finally convicted for committing an offense likely to prejudice the profession's prestige; F) has completed the mediator training courses, under the law, or a postgraduate	**Is there a law that defines who can perform mediation?** Yes, Law no.192 / 2006	**What kind of training program is required - how many hours and main topics taught?** Currently, the initial mediator training course lasts 80 hours. Although these hours may be sufficient for an initial training course, the quality of the training is much more important. And here is one of the biggest problems: **quality of the initial training course.** Initial training is provided by private companies, some of them are owned by the members of the Mediation Council. No university is accredited, although the law allows it. The Mediation Council authorizes training	**Do you have a national organization of mediators?** No. The Mediation Law provides that mediators can be organized in professional associations at local or national level, aimed for defending the rights and representing the interests of mediators, associations of which mediators are free to join in. The associations are independent. They are not subordinated to the Mediation Council. In other words, the profession of mediator is a liberal profession, where its members are not organized in the system of a single national association. Although the law makes no provisions for territorial organization of mediators, the present Mediation Council created county structures, without legal personality, under its subordination, in that the leading bodies of these structures can be assigned or revoked by the Mediation Council. These structures look like territorial extensions of Mediation Council, having no independence.

	master degree program in the field, accredited by law and endorsed by the Mediation Council; G) was authorized as a mediator, under the present law . Therefore, from its beginning, mediation has represented a profession open to a very broad group of people, coming from various fields of activity (medical, legal, education, social work, business, insurance, etc.).		programs. Another problem is **the examination** of the candidates. Currently, the graduation exam is organized by the training school and the student is examined by a committee whose members are elected by the training school itself.	
Croatia Srdjan 	**Who can mediate?** Croatia adopted Law on Mediation and Book of Rules of the Registry of Mediators and Standards for Accreditations of the Mediation Institutions and Mediators, at 2003. Ministry of Justice runs national Registry of Mediators. They have provisions about who can mediate. Those	**Is there a law that defines who can perform mediation?** Croatian Law on Mediation and Book of Rules of the Registry of Mediators and Standards for Accreditations of the Mediation Institutions and Mediators have provisions about who can perform mediation and what are the conditions for the mediation institutions. Those provisions are mandatory	**What kind of training program is required - how many hours and main topics taught?** Book of Rules of the Registry of Mediators and Standards for Accreditations of the Mediation Institutions and Mediators requires 40 hours basic training for mediators, plus 20 hours of advance	**Do you have a national organization of mediators?** In Croatia there is an informal umbrella organization for mediators – Hrvatska udruga za mirenje (HUM) - Croatian Mediation Association.

	provisions are mandatory only for registered mediators. Registration is not mandatory.	requirements only for mediation institutions and for the registered mediators. So far, the parties in dispute can use anybody for the mediator. But those provisions are actually strong recommendations and kind of u guide for all interested for the mediation about how to choose right mediator and/or mediation institution. Mediators can perform mediation inside or outside of mediation institutions.	training for mediators every two years. These are mandatory requirements for the registered mediators who want to apply and to stay in national Registry of Mediators. Basic and advance training for mediators have mandatory topics and they are mandatory for mediation institutions accredited by the Ministry of Justice to provide trainings.	
Russia Dmitry	Distinction between professional and non-professional mediators. Mediators must have a university degree, undergo training and pass an exam at the end of each of the 3 professional levels.	Yes. Mediation Law, followed by regulations regarding training that were issued by the Ministry of Education and Science.	Training program. Level program. 1st level allows to mediate as a professional. 2nd level is focused on specialities like family, commercial, labor etc. 3rd level certifies mediators as trainers of 1st level candidates. Training level is concluded with an exam.	Since 2011 there is the "National Organization of Mediators" in the form of NGO. Currently, it is optional to be a member of this organization.
Portugal Ursula	**Who can mediate?** In Portugal, in addition to a course in mediation of	**Is there a law that defines who can perform mediation?** There is a mediation law,	**Is there a law that defines who can perform mediation?** For getting	**Do you have a national organization of mediators ?** A National Federation (Federação Nacional de Mediação de Conflitos) represents the interests of

	conflicts, it has been customary to require as a requisite for their attendance, an appropriate academic degree (However, what means "appropriate" is not officially defined.) In Portugal, mediators work in different areas such as communitarian, commercial, family, workplace, victim-offender, school, etc. Regarding a liberal professional initiative, there is still no regulation of this area, except for the mediators recognized by the Ministry of Justice to practice in the public mediation systems (Julgados de Paz / Sistemas de Mediação Familiar, Laboral e Penal). So basically anybody can cal himself a mediator . This is not a protected profession. For accreditation in the public system or with the ministry of justice you	which says, that this law regulates all mediations performed in Portugal, but the law does not restrict performing mediation in general or defines criteria for being a mediator (The Lei n.º 29/2013, de 19 de abril establishes the general principles applicable to mediation in Portugal, as well as the legal regimes for civil and commercial mediation, mediators and public mediation, regulated by: Ordinance No. 344/2013, of November 27 - Defines the competent service to organize the list of conflict mediators, as well as the registration requirements, the form of access and disclosure of the same Ordinance No. 345/2013, of November 27 - Regulates the regime applicable to the certification of entities forming courses in mediation of conflicts and revokes Administrative Rule no. 237/2010, of April 29	accreditation with the ministry of justice 90 hours at least, but there are many mediators with lesser hours (esp. commercial mediation (40h). The topics are traditional topics: process of mediation / communication techniques /models of mediation / legal situation / simulations /exercises etc. In Portugal not the courses are accreditaded, but the entities that promote those courses. This is regulated by the Ordinance No. 345/2013, of November 27 - Regulates the regime applicable to the certification of entities forming courses in mediation of conflicts and revokes Administrative Rule no. 237/2010, of April 29 Once a training entity is accreditades (and maintains accreditation, paying the respective yearly fee, there is not much control what the courses will offer.	all (federated) mediators and ciations). There are around 30 associations for mediation in Portugal (many do not work). and perhaps around 3000 trained mediators (but very few living solely of mediation) The National Federation of Conflict Mediation (FNMC) is a non-profit organization established in 2012 to promote, develop and disseminate alternative means of conflict resolution, including mediation of conflicts, as well as to support the social function and dignity of mediation and the promotion of respect for best practices and techniques. The creation of this Federation intends to be a unifying element of the various institutions that have emerged over the years in order to promote the development of alternative means of conflict resolution, namely the mediation of conflicts. http://www.fnmc.pt

	have to have a university course, be more than 25 years old, no criminal past and speak Portuguese and must have passed a 90 h course	So (except for being a mediator in the public mediation services – here an accreditation is needed) anybody can be a mediator.		
France Sylvie	**Who can mediate?** A mediator has to be trained and agreed by an authorized institution. Actually mediation is present in many fields of social life: lawyers, psychologists, architects, managers, journalists, social helpers, notaries, etc. But in all these fields they have to undergo a specific training.	**Is there a law that defines who can perform mediation?** The evolution of the society finally leads to changes of laws. The different ministries have their own mediators as well as the big enterprises (banks, insurance companies, post etc.). Specific professions create their…. Training : notaries, bailiffs … etc. Of course there exist directives instructions from the European Union. In France for example the law about divorce has changed giving a bit more space to mediation. The judicial mediator, the criminal mediator, the consumption mediator have to be agreed authorized by the corresponding ministries. The same for the international family mediators.	**What kind of training program is required - how many hours and main topics taught?** In France we have the possibility to obtain - a University degree (diplôme universitaire DU) by 40 hours in 1 year (after baccalaureate +2-3 years graduate) - a state diploma as family mediator (DEMF diplôme d'état de médiateur familial) after 595 hours including 100 hours of practical training inbetween 2 years (after baccalaureate +2-3 years). - a diploma university as Master (1 + 2) in mediation. The program for the master 1	**Do you have a national organization of mediators ?** Exists in France, ad example, the Association Nationale des Médiateurs (ANM). And many different associations An order of mediators does not exist may be to bad it would protect a bet better the profession. Yes it is difficult to live from the practice. The problem is the existence of multiple low qualified trainings offers the existence of certain lobbies lobbies keeping control on the development of mediation Some professions as lawyers, notaries etc and have appropriated the territory as well as big firms…

		Once again all depends on the level and training of the mediator. Associations group (together) mediators proposing them adult continuing education (training sessions) because the law requests 120 hours minimum of basic knowledge and 20 hours of ongoing education and practice supervision every year.	and 2 (I have) in University from Luxemburg: 8 semester, 120 ects = + 3600 hours + 150 hours training + internship report + memory end of study 1 semester : definition and state of art of mediation; mediation, a system of conflict resolution; the mediation process. 2 semester : law, psychology, methods of conflict resolution 3 semester : different fields of mediation: environmental health, international, administrative, community, commercial, work place, consumer , family 4 semester : family law and right of the child criminal law and youth protection, social mediation, scholar , intercultural, psychology of communication, sociology of affective relationship, philosophy	

			5 semester : participation, approaches, planning of action in mediation, sensibilisation and diffusion 6 semester : team management, project management, methodology 7 semester : methodology of research 8 semester: research, dissertation	
Kazakhstan Maksud	**Who can mediate?** An individual chosen by the mutual consent of the parties, who is independent, impartial and not interested in the outcome of the case and who is included into the register of mediators giving his / her consent to perform the functions of mediator. The mediator's activity may be carried out on the professional basis (persons with high education, who reached the age of 25 and with certificate that confirms completion of the training program of	**Is there a law that defines who can perform mediation?** Law on Mediation of the Republic of Kazakhstan No. 401-IV dated 28 January 2011.	**What kind of training program is required – how many hours and topics are taught?** The training program of mediators aiming to prepare the professional mediators to regulate the disputes in the sphere of civil, labor, family and other legal relations with physical and legal entities involved as well as disputes in criminal proceedings in cases of small and medium gravity crimes. It consists of 3 programs: a) General course of mediation (not less than 48 hours and	**Do you have a national organization of mediators?** Yes, there is National chamber of mediators in the Republic of Kazakhstan. (http://www.mediation.kz/)

	preparation of mediators, and retired judges) as well as on the non-professional basis (persons who reached the age of 40 and included into the register of non-professional mediators and judges according to the Civil Procedural Code of RK). *Acc. to the Art. 9 of the Law on mediation of the Republic of Kazakhstan.*		approximately 17 topics are covered); b) Specialized course of mediation (not less than 50 hours and approximately 9 topics are covered); c) Training course for mediator trainers (not less than 32 hours and approximately 4 topics are covered). *Acc. to the Resolution of Government of RK on the approval of Rules of the training program to prepare mediators No. 770 dated 3 July 2011*	
Spain **Eugenia**	**Who can mediate?** Individuals possessing a university degree or a higher vocational education diploma and having received the specific training established by the law can practice mediation, as long as they have the appropriate professional liability insurance.	**Is there a law that defines who can perform mediation?** At a national level, we have the Mediation for Civil and Commercial Matters Act (Ley 5/2012, de 6 de julio, de mediación en asuntos civiles y mercantiles) whose content has been further developed by "Royal Decree" in the corresponding Regulation (Real Decreto 980/2013, de 13 de diciembre, por	**What kind of training program is required – how many hours and topics are taught?** The Mediation for Civil and Commercial Matters Act establishes that mediators must have received the appropriate training, comprising: - mediation techniques - mediation procedure (with special emphasis on the procedural and the material	**Do you have a national organization of mediators?** We do not have a single national organization of mediators but a large variety of professional associations, registries and conflict resolution centers, such as AMERCO (the Association of Mediators and Conflict Resolution Experts), MediaICAM (the Conflict Resolution Center of the Madrid Bar Association of Lawyers) and the Madrid Registry for Family Mediators. Most of these organizations operate at regional level. However, membership or registration with them is not a mandatory condition to practice mediation (any person meeting the legal

		el que se desarrollan determinados aspectos de la Ley). Also, there exist regional laws. For example, in the Region of Madrid, we have the Family Mediation Act (Ley 1/2007, de 21 de febrero, de Mediación Familiar de la Comunidad de Madrid).	limits to the use of mediation established by the law, the professional liability of the mediator, the rights of third parties). - ethics - the legal framework and the psychological aspects specific to the kind of mediation to be practiced - communication, negotiation and conflict resolution techniques Also, the above mentioned Regulation specifies that mediators must have received 100 hours of specific training, out of which at least 35 must have been practical (preferably supervised practice in real mediation sessions). In addition, mediators shall complete 20 hours of (mostly practical) training every 5 years.	requirements can practice mediation as a *sole practitioner*). At a national level, there exists an Official Registry of Mediators and Mediation Institutions within the Ministry of Justice. However, only Bankruptcy Mediators are subject to compulsory registration with the Ministry of Justice. This means that registration with the Ministry of Justice or with any professional association, conflict resolution center, registry or mediation organization - which may demand further training hours and experience, is purely voluntary (with the above-mentioned exception) and has prestige and publicity effects only.
Macedonia Elizabeta	**Who can mediate?** Article 46 of the Macedonian Law on mediation	**Is there a law that defines who can perform mediation?** Yes. It is the *Law on Mediation of*	**What kind of training program is required - how many hours and main topics taught?**	**Do you have a national organization of mediators?** Yes, we have. The Chamber of Mediators (hereinafter: KMRM or the Chamber) as a professional

	provides that only a natural person who has legal capacity and who is licensed to perform mediation activities (hereinafter: licensed mediator) can act as a mediator in the Republic of Macedonia. A license for the mediator shall be issued to the person who fulfilled the fallowing conditions: has passed the exam for checking the theoretical knowledge and practical skills for mediator (hereinafter: mediators` exam) in front of the Board for ensuring, monitoring and evaluating the quality of mediation (hereinafter: the Board) and who has presented a contractual liability insurance. According to the previous, a system of examination and licensing of mediators has been created. Mediators` exam may be taken by individuals who submitted	*2013*, Official Gazette of the Republic of Macedonia No.118/13, 148/15, 192/15, 55/16.	Completed training according to the accredited training program for mediators in lasting of minimum 70 hours, in the country or abroad. Trainings for the mediators are performed by the trainers. According to the law as a trainer for mediators can act all natural persons who have legal capacity and have the license for a trainer (hereinafter: licensed trainer). The law stipulates that the license can be issued to the persons who will submit a request for license to the Board along with the proofs for the fulfillment of the following conditions: a) completed training for trainers of mediators in lasting of minimum 32 hours, in the country or abroad in the last three years, or university diploma of higher education VII / I or 300 credits	association of mediators was introduced for the first time by Article 28 of the Law on Mediation of 2006. It was founded on 22.10.2006, with headquarters in Skopje and has its own statute, bodies, and is registered as a legal person. Article 66 of the Law on Mediation of 2013, stipulates that the Chamber of Mediators established under the Law on Mediation of 2006 shall cease to function on the day of establishment of the Chamber in accordance with the new law. As a result of failure of the Ministry of justice to adopt a necessary legislation on the one hand, and the inability to form a new Chamber on the other, a legal vacuum was created for a long time, which directly effects on the practice of mediation on the already fragile system of mediation in the Republic of Macedonia. Large part of the positive Law on mediation regulates the Chamber in detail. According to the proposer of the law, such detailed legislative regulations will have positively reflection on functioning of the Chamber. Law on mediation stipulates the obligation for the licensed mediators to be organized in the Chamber of Mediators of the Republic of Macedonia, based in Skopje. The Chamber can have offices in other cities in the country, according to the Statute of the Chamber. With its decisions, the law precludes the opportunity for the mediators to be organized in other associations than the Chamber. Also, this

	an application for the exam to the Board, together with a proofs of: a) a university degree VII / I or 300 credits under the European Credit Transfer System (ECTS) obtained in the Republic of Macedonia or the decision on recognition of the Macedonian Ministry of education and science for the appropriate higher qualifications acquired abroad; b) completed training according to the accredited training program for mediators in lasting of minimum 70 hours, in the country or abroad, or a decision on recognition of relevant training completed abroad and recognized by the Board; c) at least three years work experience after graduation; d) had followed at least four mediation procedures carried out by the mediator		under the European credit transfer system (ECTS) in the Republic of Macedonia in the field of mediation, conflict resolution, negotiation or conciliation, or a decision on recognition of appropriate high - educational qualifications acquired abroad in the relevant field, issued by the Ministry of Education and Science of the Republic of Macedonia; b) registration of his status as mediator in the Register of mediators or appropriate register of a foreign state, if the applicant is a foreign national; c)registration from the Register of records of mediation proceedings or appropriate register of a foreign country if the applicant is a foreign national, for conducted at least 12 mediation procedures in the last three years and d) at least two references from people who know the	solution raises up the question about the appropriate allocation of sufficient resources at the local level, needed for the functioning of KMRM, and in *ultima linea* for unfettered access to justice through this way of disputes resolving. The Chamber is entrusted with the following public authorities: maintaining the Register of mediators; certifying the facts for which the Chamber keeps records; and determining the amount of the membership fee for members of the Chamber. Actually, the only fact for which Chamber keeps records is the content of the Register of Mediators. The maintaining of the Register for records of the mediation which ended with an agreement signed before the initiation of court proceedings is obligation for the Ministry of Justice. The maintaining of the Register of trainers and the Register of accredited training programs for mediators is entrusted to the Board. Also, it should be noted that the Law on Mediation of 2013 contains unconstitutional, discriminatory provision, because it provides that as a member of the Ethics Council can be elected only persons older than 35 years of age at a time when the election takes place. It is unclear why the legislator accepted this solution. The Ministry of Justice supervises the work of the Chamber. Unsolved question is what is going to happened with those mediators who are certified according to the previous Law and don`t have license.

	and a confirmation document issued by a mediator supported with an extract from the Register of records of the mediation of the relevant procedures; e) passed a psychological test and a test of integrity issued by a licensed expert; f) certificate of citizenship of the Republic of Macedonia and g)at least five references from people who know the applicant in professional capacity. In fact, according to the legislator, these are minimum criteria that will ensure quality and competent mediators. The person who will pass the mediators` exam and will present contract liability insurance shall be issued a license and only he or she can carry out mediation services. Issued license is valid for five years and can be extended or subtracted depending on the results of		applicant in professional capacity and attest for its ability to transfer theoretical and practical knowledge. The law provides that the license issued to the trainer can be extended or subtracted depending on the results of the evaluation of the quality of the work of trainer. The Board makes the evaluation of the quality of work of the trainers, at least once in every five years, in accordance with the methodology and procedure for monitoring and evaluating the quality of work of the trainers of mediators.The training for mediators are conducted according to the accredited training programs for mediators. Accreditation is granted to the programs that meet the requirements for accreditation. The conditions for accreditation of these programs and the circle of persons who	

	the evaluation of the quality of work of the mediator. The evaluation of the quality of work of the mediators is conducted by the Board, at least once in five years, in accordance with the methodology and procedure for monitoring and evaluating the quality of work of mediators. For conducting mediation in relations where the law provides obligatory mediation, the law may provide additional conditions for a person who takes the mediators` exam as well as supplement supervision and control. The license of these mediators contains data for the specific mediation area. Novelty which introduces law is the obligation of the mediators to conclude an insurance contract to third parties in the amount of not less than 50,000 Euros.		are eligible to apply for are determined by the Board. Issued accreditation may be extended or subtracted depending on the results of the evaluation of the quality of the implementation of the accredited training programs. This evaluation is carried out by the Board at least once in every five years in accordance with the methodology and procedure for monitoring and evaluating the quality of the implementation of accredited training programs for mediators. Also, like many times before, the methodology and procedure for monitoring and evaluation remains unknown to the professional and general public. Training programs for mediators which have been granted with an accreditation are recorded in the Register of accredited training	

			programs for mediators. The Board maintains The Register of trainers for the mediators and the Register of the accredited training programs for mediators.	
China Sophia	**Who can mediate?** China has four types of mediation. 1) People's mediation—anyone has full capacity can be the mediator; 2) court mediation—judges act as mediators; 3) administrative mediation—governmental entities act as mediators; 4) arbitration mediation—arbitrators act as mediators.	**Is there a law that defines who can perform mediation?** People's Mediation Act of the PRC (Order No 34, 2010), Art 14 requires the mediators to be an adult citizen, who is fair and decent, enthusiastic in mediation, and has acquired certain knowledge in culture, policies and law.	**What kind of training program is required - how many hours and main topics taught?** Art 14 of the Mediation Act provides that the administrative department for justice at the county level should provide periodical training for people's mediators. It does not specify more details including the length, frequency and content of the training. Every mediation centre will have its internal training requirements for mediators.	**Do you have a national organization of mediators?** China has 800,000 people's mediation centres or institutions. There is no one organisation for all mediators in this country. Some well-known mediation institutions include China Council for the Promotion of International Trade (CCPIT) and China Chamber of International Commerce (CCOIC) Mediation Centre, Shanghai Commercial Mediation Center, Beijing Arbitration Commission Mediation Center, Mainland-Hong Kong Joint Mediation Center.

Hungary Judit	**Who can mediate?** According to the Article 5. of Act LV of 2002, a mediator is the natural person who - has a university degree and 5 years of experience in the field of the degree, and - has passed the cource mandatory to become a mediator, and - has not committed a crime, or is not under the penalty of restriction of work.	**Is there a law that defines who can perform mediation?** There are several regulation for different types of mediaton. 1. The common legal source is the Act LV of 2002 on Mediation. ú 2. For criminal cases: Act CXXIII on Criminal Mediaton. 3. So called„medical mediator" regulated by Act CXVII of 2000 4. Disputes with public authorities, regulated by 185/2009. (IX. 10.) Government Directive	**What kind of training program is required - how many hours and main topics taught?** According to the regulation 63/2009. (XII. 17.) of the minister of justice, the mediators are trained at least in 60 hours in the following topics: 1. theory of conflicts 2. theory and practice of negotiation 3. technical tools of mediation 4. knowledge and skills of questioning 5. dealing with problematic parties 6. psichology 7. legal issues of mediation. The mediators are also have to take courses after this 60 hours: they have to collect a certain amount of credit points from conferences, trainings and supervision.	**Do you have a national organization of mediators?** In Hungary the civil associations for mediators are working counrty-wide. The biggest one is the „National Association of Mediators", but separately the court system has an own working group for the juditial mediation.
Canada Dominic	As a general rule, only those professionals that are trained in ADR are recognized as a mediators. However, any	Other than special statutes that define family mediation in Quebce, there are no country wide laws or legal restrictions that	Unfortunately, there is no uniformity across the country with regards to training in mediation	There is currently no official national governing regulatory body for mediators/mediation or formal certification process for mediators. The Alternative Dispute Resolution (ADR) Institute

	person can provide 'mediation' services if they are mandated by their clients to do so. In Quebec, to act as a 'family mediator' requires a special licence issued by a number of professional orders.	clearly define and restrict who can act as a mediator. Several provinces (British Columbia, Ontario, Alberta) have special statutes on the practice of mediation and who can be appointed by their respective justice ministries.	(family, civil, commercial). Those organizations that provide certification do require a post seconadry degree or certifcate/work experience along with a basic training in ADR including an adequate understnding of legal and psychosocial issues. In Quebec, family mediators are required to be a licenced professionals (social worker, lawyer, notary, counsellor) who receive 60 hours of basic training and 45 hours of advanced training. Before being licenced, prospective family mediators need to also successfully complete 10 cases of mediation with supervision.	of Canada is one of the country's most important ADR professional organizations. Through its provincial affiliates, it sets ADR education standards and professional practices, especially in civil and commercial mediation. Most practice requirements are set by law societies and bar associations in each province and territory. In the realm of family mediation, Family Mediation Canada is the only country wide organization that attempts to set national standards of training and practice. However, each province and territory, ultimately, sets its own standards, training and can determine who can practice.
Egypt **Medhat**	**Who can mediate?** Legally, anyone. Practically, you must have skills and member of a reputable ADR institute to get clients.	**Is there a law that defines who can perform mediation?** No, thanks God.	**What kind of training is required - - how many hours and main topics taught?** Again, legally nothing; but, in practice, you must be highly skilled.	**Do you have a national organization of mediators?** Thanks God, no.

Malaysia Gunavathi 	Mediators in Malaysia can broadly be categorised as follows: . a) Court appointed mediators pursuant to the court-annexed mediation programme. This is a service provided by the judiciary which is free of charge. The mediators are either judges or judicial officials who have been appointed as mediators in the Court Mediation Centers' across the country; . b) Industrial Court Chairman's conducting mediation for employment disputes; . c) mediators attached to various institutions : -The Malaysian Mediation Center (MMC) which was formed under the auspices of the Bar Council of Malaysia; -The Kuala Lumpur Regional Arbitration Center (KLRCA); -The	The statute that governs mediation in Malaysia is the Mediation Act 2012 (the Act). The Act applies to all mediators who fall within the definition of mediator as provided for in Section 7(2) of the Act. "Section 7 (2) of the Act stipulates that a mediator shall- (a) possess the relevant qualifications, special knowledge or experience in mediation through training or formal tertiary education; or (b) satisfy the requirements of an institution in relation to a mediator." Section 7(2) (a) of the Act provides a wide definition as to who can be a mediator. The term 'relevant qualification', 'special knowledge or experience' or 'formal tertiary education' has not been defined in the Act and is open to interpretation. All private mediators would have to satisfy Section 7(2) (a) of the Act to practice as a mediator in Malaysia. By virtue of	The Mediation Act 2012 does not provide any requirement as to the kind of training programme or the number of hours one has to undergo before one can hold themselves out as a mediator. As such, there is no uniformity in the country for the type of training programme conducted for certification as a mediator. The individual mediation institutions mentioned above namely MMC, KLRCA and CIDB have their own criteria for accreditation and regulation. There is no consistency in the criteria for practice between the organizations. Typically, the training programme consists of a 40 hours mediation skills training programme that provide certification as a mediator. Only upon successfully completing the aforesaid training which includes an oral assessment, will certification be	Currently, there is no national registry which contains a list of mediators in the country. Neither is there a national organization regulating mediators in the country. The only list of mediators available to the public are the list of mediators empanelled with the MMC, KLRCA and CIDB. For mediation to take off successfully, it is pertinent to have mediators in the country who are appropriately skilled, qualified and have reliable standards of practice. In the near future, a national regulatory body should be set up the Government to regulate mediators in the country to ascertain a benchmark for one to practice as a mediator.

	Construction Industry Development Board (CIDB); -Securities Industry Dispute Resolution Center (SIDREC); -The Ombudsman Financial Services – mediation for banking and insurance dispute; . d) mediators conducting mediation at various Tribunals including the following: -The Home Buyers Tribunal; -The Consumer Tribunal; . e) Legal Aid Department – legal aid officers cum mediators conducting family mediation and . f) private Mediators	Section 7(2) (b) of the Act, the mediators, attached to the various institutions mentioned in category 1(c) above, would have to fulfil the requirements of their respective institutions to practice as a mediator. However, Section 2(b) of the Act provides that the Act shall not apply to 'any mediation conducted by a judge, magistrate or officer of the court pursuant to any civil action that has been filed in court'. As such, all court appointed mediators do not have to fulfil the requirements mentioned in Section 7(2) (a) of the Act. The current Practice Direction governing mediation in the courts is Practice Direction No 4 of 2016. (PD) Further, the Court Mediation Centres set up by the judiciary in all the States across the country have their respective 'Rules', which prescribe the mediation procedures of the Centre. As for the Industrial Court,	given to practise as a sole mediator. The topics covered in the Facilitative Mediation process model skills training programme include the following: - Overview of dispute resolution processes - Litigation vs Mediation - Advantages of mediation - Negotiation skills - Pre-Mediation - The Agreement to Mediate - The First Joint Session . the mediator's opening statement . the parties' opening statement . issue identification . clarification and exploration of issues - Private Sessions - The second joint session-negotiations, tabling options and evaluating offers - Drafting the agreement - Communication Skills including the following: . listening skills- active listening and passive listening . questioning	

		Practice Note No 3 of 2010, governs the use of mediation in the aforesaid courts. Further, Section 7(2)(c) of the Act provides that the Act shall not apply to the mediators conducting mediation at the Legal Aid Department.	skills . reframing . paraphrasing . summarising . mediator interventions – breaking impasse - Practical Strategies: . reality testing . role reversal . converting interests into options . dealing with stubborn behaviour - Special Issues in Mediation . confidentiality . co-mediation . the role of lawyers in mediation As for the court appointed mediators, the PD and the Court Mediation Centre Rules do not specify the type or model of mediation conducted by their mediators. Neither does it cover the training requirement for their mediators. Similarly, the Industrial Courts Practice Direction is also silent on this. Save for the MMC, KLRCA and CIDB, the other organizations and tribunals mentioned above do not have any training	

			requirements as well.	

Poland Cezary	Who can mediate ?	Is there a law that defines who can perform mediation?	What kind of training program i required: How many hours and main topics taught ?	Do you have a national organization of mediators ?
	There are two categories of mediators in Poland. Mediator is not a protected title and anyone can call her/himself one. The only requirement is to be a natural person with full capacity to undertake legal actions, exercising full range of public rights and not to be a judge (except for retired judges). A protected title is "a permanent mediator", with a bit higher, but still rather moderate requirements, verified by the court prior to being enlisted as permanent mediator of the specific District Court. . Vast majority of mediations in Poland are in-court mediations, either initiated by the court order to refer the case to mediation or by joint consent of the parties. When it comes to the first category, the order is made ex parte and the	Mediation is proveided for in criminal law, family law, labour law, consumer law (mainly due to the EU legislation) and civil law. In July 2017 mediation was introduced into administrat ive proceedings Civil mediation is regulated by our Code of Civil Procedure (mainly Arti cles 183(1) - 183(15)) with some additional provisions in Civil Code (regulating settlement agreement), various regulations and other acts. . Although we used to, currently we generally don't distinguish mediation from conciliation and we only use the term mediation ("mediacja" in Polish) which does not have legal definition. There were some concerns in this regard, but the flexibility of not having legal definition of mediation works	There is no pre-specified amount of training hours or experience. The specific requirements differ depending on the field of law.	We don't have one national organisation of mediators, we either are sole practitioners or are in various private and semi-private associations and mediation centers. Soon there will be a new project launched by the Ministry of Justice which will create 16 Centres for Mediation and Arbitration all over Poland (Poland has 16 regions) and the Lewiatan Mediation Centre in Warsaw will be coordinator of this network. It used to participate in the pilot programme of the same kind which took place in the years 2014-2016.

	parties have 7 days to object to it. This week is probably the hardest job we have, because we learn about the possible mediation at the same time with the parties and we need to convince them to give it a try and not to object the order - our success rate in this regard is about 50 %. . We don't mind our practice of in-court mediation. The example of the statistics that are very promising are those of the Commercial Division of the District Court of Warsaw, where so far about 30 % of the cases are referred to mediation. . We use generally joint meetings with both parties, with some short caucuses. Mediators are, to some extent, the keepers of the process, but e.g. we don't count caucuses to be super sure that both parties had the same number of them. Mediated settlements are enforceable in Poland similarly to the settlements reached in front of	just perfect in practice. We distinguish facilitative and evaluative mediation and we use both. It is guaranteed by the law that mediator is allowed to make non-binding suggestions. . Apart from one very specific case from labour law, mediation is voluntary in Poland, with a lot of legal incentives to use it (including cost incentives) and some obligations of the legal representatives and judges to encourage amicable settlement of the dispute. We highly value voluntariness of mediation.		

	the court, i.e. they may be referred almost directly to executory proceedings. Confidentiality of mediation is not an absolute rule in Poland and the parties may waive it and e.g. call a mediator as a witness.			

Slovakia **Frantisek**	**Who can mediate ?**	**Is there a law that defines who can perform mediation?**	**What kind of training program is required: how many hours and main topics taught ?**	**Do you have a national organization of mediators ?**
	A mediator under the Act on Mediation (2004) is defined as any natural person, entered on the list of registered mediators, and which the parties to mediation agree shall assume the function of mediator. Mediators do not need to indicate their specialization when they apply for a registration. They may specialize in particular types of disputes but the list of registered mediators does not contain this information. Mediators are not obliged to	The Act on Mediation in Slovakian was adopted in June 2004 and entered into force on 1 September 2004. The transposition of the Directive 2008/52/EC of the European Parliament and of the Council of 21 May 2008 on certain aspects of mediation in civil and commercial matters has significantly influenced the development of mediation legislation in the Slovak Republic. . The legislation provides a basic regulatory framework for mediation, remaining flexible in many respects	The content of vocational training and assessment of mediators are set out in section 9 of the Act on Mediation. Vocational training, examination and certification of mediators may be conducted only by specifically accredited educational institutions in the range of 200 hours plus oral and written examination. . Section 10a of the Act contains requirements of continuing education of registered	In Slovakia there are not national organization of mediators that have their justness in the Act of Mediation. There are only some NGO like Association of Family Mediators, Association of Mediators, or Chamber of Mediators.

	obtain any professional indemnity insurance. Such indemnity insurance is voluntary. They are liable pursuant to provisions of general laws (Civil Code) for damage caused in mediation. The accreditation and registration of mediators is regulated and Ministry shall register as a mediator a person who: a) has full legal capacity; b) has completed the university studies of the second degree in the Slovak Republic or holds a recognised certificate of university education of the second degree, issued by a foreign university. A mediator may have completed any university studies: for example, law, psychology, economics, pedagogy, social work, and so on. c) is a person of integrity; d) holds a certificate of vocational training of a mediator and has successfully completed the professional	and preserving the advantages of the process. The intricacies of the mediation process (for example, private meetings of a mediator with the parties) are not regulated by the Act on Mediation. . Section 1 of the Act on Mediation provides that the Act applies to disputes arising from civil (pursuant to the Civil Code), family, commercial, and workplace relations. According to practising mediators, mediation in about 80% of cases leads to a successful outcome, i.e. it terminates by a mediated settlement agreement. This applies to community disputes (conflicts between neighbours and at schools, financial affairs between municipalities, disputes between the mayor and inhabitants, environmental disputes, etc.), family disputes (conflicts between generations, conflicts between spouses, conflicts between spouses before a divorce, division of assets after a divorce, visits of children	mediators and conditions for re-examination of mediators by the Ministry. Mediators are obliged to undertake ongoing vocational training. If a mediator does not participate in at least two trainings every five years, the Ministry of Justice might prescribe re-examination of the mediator. . One of the aims of the accreditation process with the Ministry of Justice is to standardise the education of mediators. Training providers often differ in their interpretation of the Act on Mediation. Some of them focus more on psychological and social elements of mediation, others on its juridical aspects. . It is common for mediators to specialise in resolving disputes in particular fields, for example, family disputes. Mediators tend to focus on disputes that require a special approach, education or experience.	

	examination of a mediator within the past six months; and e) was not pursuant to the Act on Mediation removed from the register of mediators in another way than on his own request. The Ministry of Justice of the Slovak Republic keeps a list of registered mediators, mediation centres and educational institutions. There are 1732 registered mediators, 62 mediation centres, and 29 accredited institutions that provide trainings for mediators. The registration of mediators, mediation centres and institutions that accredit mediators is regulated by the Act on Mediation. There are no court mediators in Slovakia except for probation and mediation officers who conduct mediation in criminal matters. A separate law regulates their activity. If a person is not registered as a mediator by the	after a divorce, etc.), labour disputes (problems between employers and employees), disputes concerning ownership (e.g. ownership of a plot of land), commercial disputes (e.g. financial issues between corporations or organizations, controversies between distributors and subscribers, disputes concerning rights of authors, etc.).	Currently there is a demand for mediators specialised in intercultural and community mediation, particularly, in resolving Roma and Sinti related controversies.	

	Ministry, s/he is not considered to be a mediator under the Act of Mediation and therefore cannot offer mediation services within the legal framework of the Act on Mediation. Nevertheless a person not registered under the Act on Mediation may help parties to resolve their dispute using mediation techniques. For example, if the parties agree, it is possible to use a non-registered (foreign) mediator in cross-border mediation. In such cases general regulation (in particular Civil Code) will apply instead of the Act on Mediation.			
Ukraine	**Who can mediate?** As a general rule, only those professionals that are trained and have certificates are recognized as mediators. However, any person **so far** can provide 'mediation' services if they are mandated by	**Is there a law that defines who can perform mediation?** The draft law have passed the first reading in the Parliament and might be adopted soon.	**What kind of training program is required: how many hours and main topics taught?** The draft law has a provision of 90 hours of specialized training (including 45 hours of practical skills training). There are no provisions or recommendations	**Do you have a national organization of mediators?** No. There is an organisation named National Association of Mediators of Ukraine, but it doesn't accumulate all mediators of Ukraine and doesn't have a status of a National body that has any

	their clients to do so.		yet for a standards of training, however discussions among mediation organizations are taken place in this direction "to assure the quality of training and mediation practice". So it may happen soon that there will be a recommended training course content approved.	specific obligations in terms of training certification or accreditation. In parallel there are other organizations that provide services and have their own pull of mediators.
Brazil 	**Who can mediate?** Except for court mediators, who can be mediator is set by market. Professionals of any fields, graduated for at least two years can be certified as mediator of a court connected mediation centre, not exclusively lawyers. It must has capacity to enter into a contract and if the mediator wants to participate in a mediation centre connected to courts, beyond the term of graduation, must undergo for a training course provided by own	**Is there a law that defines who can perform mediation?** Yes. The Mediation Act (Act n. 13.140/2015).	**What kind of training program is required: how many hours and main topics taught?** Mediators must be graduated in any field for at least two years. After its enable, must undergo for a training course provided by own courts or schools for mediators certified by the Court, according with the program determined by the National Council of Justice. Is recommended 40 hours for a basic mediator training in court connected mediation.	**Do you have a national organization of mediators?** ABRAMAC – Brazilian Association of Mediation, Conciliation and Arbitration; AMC Association of Conflict Mediators.

	Court or schools for mediators certified by the Court in accordance with the Mediation Act (art. 11).			

Ombudsmen

Ombudsman - Belgium **Marine** Ombudsdienst Service de Médiation ENERGIE	Belgium has several ombudsmen schemes at the federal level to deal with disputes with energy, telecom, bank, insurance, postal services, transport etc. They are officially recognised as providers of ADR according to the 2013 directive. In addition, there is a federal service for the remaining complaints (the Consumer Mediation Service). They are members of the CPMO, the Permanent Concertation group of Mediators and Ombudsmen	Specific law per sector. The energy ombudsman has been founded by the article 27 of the electricity law of 29 April 1999. The telecom ombudsman finds its root in the law of 21 March 1991. The Consumer Mediation services was built on the law of the 4th of April 2014. The ombudsmen are personally appointed and have a public mandate to perform their duties. They hire the relevant staff (case managers) to help them solve the cases and decide on their profiles.	Ombudsmen are appointed after an evaluation of their profiles and experiences. There is no single training process or profile.	CPMO, the Permanent Concertation group of Mediators and Ombudsmen

Ombudsman - France Marine Le médiateur national de l'énergie	The French national energy ombudsman is the public authority in charge of dealing with consumer disputes in the energy sector. The Ombudsman has signed a MoU with the companies' complaints departments (ENGIE, EDF). Club des Médiateurs de Services au Public https://clubdesmediateurs.fr	Decree 2007-1504 of the 19 October 2007. The ombudsman is personally appointed and has a public mandate to perform their duties. They hire the relevant staff (case managers) to help them solve the cases. In general, case managers are trained lawyers.	The ombudsman is appointed after an evaluation of their profiles and political experience. There is no single training process or profile. The current energy Ombudsman, Mr Jean Gaubert, is a former MP.	
Ombudsman - UK **Marine** Ombudsman Services Good for consumers – Good for business	Ombudsman Services is in charge of dispute resolution in the energy and telecom sectors and all unresolved complaints from sectors not covered by a specific scheme. For energy, OS is officially recognised by OFGEM, the national regulatory authority.	Alternative Dispute Resolution for Consumer Disputes (Competent Authorities and Information) Regulations, 2015 sets out revised standards for redress schemes such as Ombudsman Services. Ofgem has approved OSE as an appropriate redress scheme in the UK under criteria it set out under the CEAR Act, 2007		The Ombudsman Association

Ombudsman – **Spain (Catalonia)** **Marine** 	El Sindic - El defensor de les persones' role is to handle the complaints of anyone who is unprotected before the administrations' actions or omissions. He seeks to ensure the proper working of the Catalan Government (Generalitat) and local administrations, like local councils, provincial governments or county councils. Thus, he works as a supervisor and collaborator of the Catalan Administration, with the aim of improving its operation. In addition to working with the administrations, the Síndic is also handling the complaints with the private companies that provide services of public interest, such as electricity, telecommunications, water, gas, the post, etc. Elected by a majority vote of the Catalan Parliament, the Síndic is politically independent. The Síndic does not belong to any government and acts with objectivity, freedom of criteria and independence.	ACT 24/2009, of December 23, on the Síndic de Greuges (hereafter "the Catalan Ombudsman") (Official Bulletin of the Generalitat of Catalonia number 5536 of 12 30 2009)		

SOMMARIO

www.ingramcontent.com/pod-product-compliance
Ingram Content Group UK Ltd.
Pitfield, Milton Keynes, MK11 3LW, UK
UKHW061817190726
13853UKWH00006B/2201